책 먹는 하마의
선행독서
레시피

책 먹는 하마의 선행독서 레시피

최양희 지음

메가트렌드

서문

짜잔~ 책 먹는 하마의 탄생

여러분은 어떤 별명을 갖고 계세요? 저는 다소 특이한 별명을 갖고 있답니다. 바로 '책 먹는 하마'예요. 표지에 실린 사진만 보면 전혀 아니라고요? 스튜디오에서 촬영한 사진이라 그래요. 실제로는 배 나온 아줌마랍니다. 지금부터 왜 그런 독특한 별명을 갖게 됐는지 설명해 드릴게요.

가을이 독서의 계절이라고 하지만 추위를 몹시 타는 우리 모녀에게는 겨울이 독서의 계절이랍니다. 늦가을이면 외출을 자제하고 집에서 뒹굴뒹굴 구르며 책 읽는 재미에 푹 빠지곤 하지요. 딸아이가 2학년 겨울 방학 무렵이었어요. 프란치스카 비어만의 『책 먹는 여우』(주니어김영사)를 둘이 아주 재미있게 읽었어요. 주인공 여우 아저씨는 책을 너무너무 좋아해서 침 묻혀 가며 읽다가 그만 먹어 버리기까지 하는 캐릭터랍니다. 저는 딸에게 이 책을 읽게 하고 책이 얼마나 즐겁고 맛있는 것인가를 전염시키는 데 성공했어요. 그때 딸아이가, 엄마는 여우 아저씨처럼 책을 좋아한다고 제게 붙여 준 별명이 '책 먹는 여우'였답니다. 처음에는 여우였어요. 그러다가 지난 2005년 초 남편과 함께 조선일보사에서 『아이야, 독서하자 논술하자』라는 책을 쓸 기회가 있었어요. 남편과 책을 쓰면서 밤샘을 할 때가 많았고 그때마다 야식을 먹으면서 버텼지요. 새벽에 먹는 야식이 복부 비만의 지름길인 것 아시죠? 그때부터였어요. 갈수록 겉모습이 하마처럼 두리두리 변하기 시작했던 거예요.

그 책이 끝나자마자 그해 봄부터 『초등독서가 대학을 결정한다』라는 책을 집필하게 되었답니다. 초등학교 1~2학년 버전, 3~4학년 버전, 5~6학년 버전 등 모두 세 권이 나왔는데 그 책을 준비하고 집필하는 데 반년 정도 걸렸어요. 그 기간 동안에는 새벽에 일하고 아침에 자는 폐인 생활을 계속했지요. 덕분에 체중이 10kg이나 불었어요! 책을 다 마치고 나니 제 딸이 "엄마, 이제는 책 먹는 여우가 아니라 책 먹는 하마야"라고 놀리는 거 있죠? 그런데 그 별명이 저는 아주 좋았어요. '책 먹는 여우'는 있으니 나는 이제부터 '책 먹는 하마'가 되어야겠다고 결심한 거지요.

주위에서 "유정 엄마, 오랜만에 봐서 그런지 나잇살이야? 살이 많이 붙었네……"라고 물으면 그때마다 "책 먹고 살 쪘지!"라고 농담처럼 대답했답니다.

생각해 보니 정말 책을 먹고 살이 쪘던 것 같아요. 지금도 하루에 깨어 있는 시간 중 절반은 책을 읽는 데 보낸답니다. 결혼과 출산으로 딸아이를 키우면서 그림책 읽는 재미에 푹 빠졌고 아이가 자라면서 어린이 책을 같이 읽는 재미에 빠졌답니다. 어쩌다 남편과 스타벅스 커피점에 가도 그림책 한 권 값이 떠올라 저는 커피 한 잔 사먹지 않고 남편 커피를 한 모금 맛만 보게 되었습니다. 지금도 생활비 외에 제가 사적으로 쓰는 돈은 대부분 책 사는 돈이에요. 한 달에 30권 이상의 책을 구입한답니다. 어떤 책들인지 궁금하시죠? 이제부터 저와 함께, 제가 어떤 책을 즐겨 읽고 어떤 책을 주위에 권하는지 알아보실래요?

이 책을 쓰게 된 동기는요!

전작인 『초등독서가 대학을 결정한다』를 출간한 후 백화점 문화센터, 도서관 등으로 강연을 다니게 되었습니다. 아이의 독서 습관과 독후 활동에 열의를 가진 어머니들과 만나 이야기를 나누고 이메일을 통해서도 많은 의견을 나누었습니다. 가장 많이 받은 질문은 '어떻게 해야 아이가 책을 좋아하게 되고 많이 읽게 되는지'였습니다. 통합 교과 논술이 무엇이냐는 질문도 많이 받았습니다. 아이가 초등학생이어도 결국은 대입을 기준으로 공부와 교육이 이루어지니 당연하겠지요. 하지만 저는 이런 질문을 받을 때마다 논술 때문에 하는 독서는 중학교 이후에 해도 늦지 않다고 말씀드립니다. 초등학교 때에는 책이 재미있고 맛있다는 느낌만 받으면 된다고 말씀드리지요. 논술에 대해서는 그 정도지만 공부에 대해서는 조금 다르게 말씀드립니다. 초등학생 때는 공부 습관이 몸에 배는 시기이고 모든 교과목의 기초를 다지는 단계이기 때문에 논술보다는 당연히 공부에 더 신경을 써야 한다는 이야기지요. 책을 통해 공부가 재미있어지고 즐거워지면 좋지 않을까라는 생각에서 아이들 공부와 책 읽기를 연결해서 생각해 달라고 주문을 합니다.

  이 책은 아이들이 독서를 통해 공부의 즐거움을 느낄 수 있도록 해보자는 차원에서 기획됐습니다. 원래 공부는 불교 용어였다고 해요. 스님들이 면벽을 하면서 화두를 붙잡고 씨름하는 것을 공부라고 했다는군요. 공부란 원래 즐겁게 하기가 어려운 법이지요. 문제집 풀고 외우면 더 어렵고 지겨워해요. 그럴 때는 개념과 원리를 쉽게 풀어 설명하는 책을 읽혀 보세요. 바로 2장에는 그런 책 이야기를 집중적으로 하고 있답니다. 저는 7년 동안 아이들을 지도하면서 독서 덕분에 성적이 오르는 경우는 보았어도 책 많이 읽어서 성적이 떨어지는 경우는 못 보았습니다. 그만큼 초등학교에서는 독서가 성적에 미치는 영향이 크다는 의미지요. 여러분들도 이 책에서 소개되는 방법대로 교과와 연계해서 내 자녀의 독서 포트폴리오를 짜보세요. 아이들이 책도 좋아하고 성적도 오르는 일석이조의 효과를 누리실 수 있을 겁니다.

이 책, 이렇게 활용하세요

이 책은 모두 3장으로 구성되어 있습니다. 1장에서는 강연회나 이메일 등으로 받은 학부모들의 질문 중 가장 빈도수가 높은 것 20가지를 골라 그에 대한 제 답변을 소개하고 있습니다. 전체적으로 Q&A 형식이지만 실제로는 내 아이에게 책을 읽히는 방법에 대한 선배로서의 귀띔이랍니다. 제가 제 아이와 학생들을 가르치면서 터득한 노하우이거든요. 내 아이가 책을 안 읽는 편이라고 생각하시는 부모님들은 1장을 꼼꼼히 읽으세요. 1장을 읽고 바로 내 아이의 경우라고 공감하시는 분들이 적지 않을 거라고 생각합니다.

2장은 크게 둘로 나뉩니다. 전반부에서는 교과 연계 선행독서라는 제 독서 원칙을 소개하고 있습니다. 선행독서가 무엇인지 궁금하시지요? 선행독서가 선행 학습과 어떻게 다른지도 궁금하시지요? 그런 궁금증에 대한 답을 제시하고 3학년부터 6학년까지 각 교과별로 꼭 읽어야 하는 선행독서 목록들을 제시하였답니다. 왜 3학년부터냐고요? '평생 성적은 4학년 때 결정된다'는 말도 있지만 저는 3학년이 가장 중요하다고 생각합니다. 이때부터는 시험을 보기 시작해요. 그리고 사회과, 과학과 등으로 과목이 분화되는 시점이기도 합니다. 1~2학년 때까지 그림책을 읽던 아이들이 본격적으로 줄글을 읽어야 할 때도 3학년입니다. 따라서 3학년 때부터는 학부모들도 긴장을 하지 않을 수 없지요. 특히 서술형 평가 시험이 도입된 서울에서는 학부모들이 시험지에 정신없이 내리는 소낙비 때문에 큰 충격을 받기도 한답니다. 책을 읽고 교과와 관련된 개념이나 원리를 이해하고, 책을 통한 독후 활동을 서술형 평가 시험 대비와 연결시키는 방식으로 서술형 평가 시험에 대한 공포를 극복할 수 있어요. 후반부에서는 사회과와 과학과를 중심으로 학년별로 여러분의 자녀가 꼭 알아야 할 주요 개념과, 그 개념을 책을 통해 이해하는 방법들을 소개하고 있습니다. 요즘 아이들이 영어와 수학보다 더 어려워하는 게 사회 과목입니다. 그 이유는 사회가 정치, 경제, 법, 지리, 역사 등을 모두 포함하면서 학습해야 할 양이 너무 많아졌기 때문입니다. 또 도표, 그림, 지도 등 다양한 자료를 해석할 수 있는 능력을 갖추어야 하기 때문에 수업 시간에 설명을 듣는 것만으로는 따라가기 벅찹니다. 교과와 연계한 선행독서가 반드시 필요한 까닭이지요. 과학과 독서는 학부모들이 자녀가 가장 많이 읽기 바라는 분야입니다. 하지만 아이들은 어지간해서 과학책을 안 읽으려고 합니다. 특히 여학생들이 그런 경향이 많지요. 과학과 학습은 관찰하고 그것을 검증하는 작업이 필요한데 아이들은 실험실이 아니라 교실에서 배우기 때문에 그만큼 몰입하기 어려운 까닭입니다. 하지만 과학의 원리를 우리 생활 속에서 쉽게 풀어 설명한 책들을 읽는다면 상황은 달라집니다. 저는 역사를 전공했지만 학창 시절에는 과학을 가장 좋아했습니다. 저와 수업을 해본 아이들은 저 때문에 과학이 재미있어졌다고 하더군요. 과학을 재미있게 공부할 수 있는 길이 바로 선행독서에 있습니다. 모든 과목의 기본인 국어과는 학년별 접근을 시도하지 않고 교과서에 등장한 책들의 원문 읽기, 다양한 인물들의 삶을 다룬 위인전 읽기, 시조와 시를 마음으로 읽기, 우리 옛이야기로 고전과 친해지기 등으로 다루었습니다. 2장 집필에는 스피드북에서 저와 함께 초등 교재를 개발했던 홍남경씨가 필자로 참여했습니다.

  3장에서는 집에서 여러분들이 할 수 있는 독후 활동을 10개만 추려 드릴게요. 독후 활동이 재미있어지면 아이들은 책 읽는 것을 즐거워해요. 또 성적에도 도움이 된답니다. 매달 두 번씩의 놀토가 생기면서 현장 체험 보고서를 만들어야 하지요. 방학이 끝나면 과제물을 제출해야 해요. 원래는 학생들이 해야 하지만 상당수 어머니들이 숙제를 도와줍니다. 3장을 열심히 읽으신 어머니들은 그때 요긴하게 쓸 수 있답니다. 마지막 독후 활동은 자녀와 함께 책과 비슷한 주제의 영화를 보고 대화를 나누는 방법을 소개하고 있습니다. 요즘 아이들은 이런 방식의 대화에 아주 열광적인 반응을 보입니다. 1, 2장은 눈으로 읽으면 되지만 3장은 글과 사진을 보면서 따라 해보세요.

  책을 통해 성적도 높이고 아이들 인성도 바로잡고 논술의 기초 체력도 키울 수 있어요. 절대 어려운 게 아니에요. 그 방법을 이제부터 하나하나 알려 드릴게요.

2007년 8월
'책 먹는 하마' 유정 엄마가

차례 책먹는 하마의 선행독서 레시피

서문 5

Ch.1 내 아이에게 책을 읽히고 싶어요.
Q&A 도와주세요

01. 우리 아이가 컴퓨터 게임과 TV 때문에 책을 안 읽어요 22
02. 학원과 숙제 때문에 책 읽을 시간이 없어요 25
03. 휴대폰을 사준 후로 갑자기 책을 안 읽어요 27
04. 방학 중에 아이에게 책을 많이 읽게 하고 싶어요 29
05. 체험 학습을 독서랑 어떻게 연결시키면 좋을까요? 32
06. 책을 읽고 무슨 내용인지 기억을 하지 못해요 33
07. 다독이 좋나요, 정독이 좋나요? 36
08. 책 읽는 자세도 중요한가요? 39
09. 책과 보상을 연결시켜도 될까요? 41
10. 책 읽고 나서 아이의 질문에 어떻게 답해야 하나요? 44

11. 읽고 나서 독후 활동을 반드시 해야 하나요? 47

12. 아이들 눈높이는 어떻게 맞춰야 할까요? 49

13. 아이들이 만화를 너무 좋아해요 52

14. 아이들이 두꺼운 책은 안 읽으려고 해요 54

15. 책 고르기가 힘들어서요, 아예 전집물을 사고 싶은 충동을 느낍니다 57

16. 교과서는 어떻게 활용해야 하나요? 59

17. 내 아이를 이과에 보내고 싶어요. 책보다 참고서나 문제집이 더 중요하지 않을까요? 62

18. 학교에서 하는 독서 퀴즈 대회나 독서 시험 등을 어떻게 대비하면 좋을까요? 64

19. 앞으로 입시 제도가 바뀌면 독서의 중요성은 줄지 않을까요? 67

20. 논술 때문에 고민이 많아요. 어떤 책을 읽혀야 할까요? 69

Ch.2 내 아이에게 이런 책을 권해 봅시다
교과서 안에서 교과서 밖으로

Part 1 선행독서란 무엇인가?

01. 통합 교과 논술 시대가 열렸다 76
02. 엄마들 긴장하세요, "서술형 평가 시험에 비는 내리고……" 84
03. 초등독서에서는 교과 연계 선행독서가 답이다 88

Part 2 학년별 교과 연계 선행독서 사례

01. 국어과 교과서에 소개된 관련 도서 읽기 : 위인전과 시 그리고 고전 읽기 95
02. 사회과 선행독서 이렇게 하라 119
03. 과학과 선행독서 이렇게 하라 142

Ch.3 내 아이와 함께 책 가지고 신나게 놀아 봅시다

한 가지씩 차근차근!

01. 처음 본 과자 봉지처럼 책에서 맛을 느껴 봐요 175
02. 마인드맵으로 생각을 정리해 봐요 176
03. 부담 없는 1/2 미니북에 도전합시다 181
04. 8면 기본북을 만들어 봅시다 184
05. 체험 학습 보고서를 만들어 봅시다 186
06. K.W.L.A. 독서법을 활용해 과학책 독후감을 만들어 봅시다 190
07. 벤다이어그램을 만들어 봅시다 193
08. 역사책 읽고 연표를 만들어 봅시다 195
09. 독서 신문 만들기로 책 정리를 해봅시다 198
10. 책과 영화를 보고 통합적인 독후 활동, 이렇게 해보세요 201

Ch. 1

내 아이에게 책을 읽히고 싶어요
Q&A 도와주세요

Ch.1

내 아이에게 책을 읽히고 싶어요
Q&A 도와주세요

제가 만난 학부모들의 관심사는 비슷했습니다. 내 아이가 어떻게 하면 책을 좋아할 수 있는지, 어떤 책을 읽혀야 하는지, 독후 활동은 어떻게 해야 하는지 3가지로 압축될 수 있습니다. '어떤 책을 읽힐 것인가'는 2장에서 주로 다룹니다. 독후 활동은 주로 3장에서 다루고요. 1장에서는 어떻게 하면 책을 좋아하게 만들 수 있는지에 대한 제 노하우를 들려드릴게요. 여러분의 자녀들이 책을 안 읽는 편이라면 틀림없이 다음 20개의 질문 중에서 몇 개는 여러분의 마음을 대변하고 있을 겁니다.

01 우리 아이가 컴퓨터 게임과 TV 때문에 책을 안 읽어요

아이들이 책을 안 읽는 가장 큰 이유는 주변에 책보다 재미있는 것들이 많기 때문입니다. 남자 아이들은 컴퓨터 게임, 여자 아이들은 TV 때문에 책을 안 읽는 경우가 많아요. 방법은 간단하지요. 어느 정도 책 읽기를 강제해야 한다는 겁니다. 그러기 위해서는 TV나 컴퓨터 사용 시간을 줄일 필요가 있습니다. 먼저 TV 이야기를 해보죠. TV를 없애기는 어렵습니다. 저부터도 드라마나 미국 드라마를 비롯해 다큐멘터리 채널과 EBS를 자주 보는걸요. TV가 바보상자라는 말에도 동의하지 않습니다. 예전처럼 채널이 몇 개 안 되고 저질 프로그램이 넘치던 시절이라면 모를까, 지금은 정말 좋은 프로그램들이 많습니다. 하지만 아무리 TV가 좋아졌다 하더라도 순서가 있습니다. 먼저 책의 재미에 눈을 뜨고 영상 매체에 대한 관심을 가져야지, 역은 어렵기 때문입니다. 책과 영상 매체의 관계에서도 일종의 엔트로피 법칙이 작용하는 셈입니다. 엔트로피 법칙이란 이렇게 이해하면 쉬워요. 방을 어지럽히기는 쉬워도 그것을 청소하는 것은 어렵다는 거지요. TV나 영화 같은 영상 매체는 중고생 이후에 관심을 가져도 전혀 늦지 않습니다. 초등학교 때 책이 재미있고 맛있다는 사실을 못 느낀다면 중·고등학교 올라가서 느끼기는 더욱 어렵답니다. 반면에 영화나 방송은 언제나 재미를 느낄 수 있어요:

여러분의 자녀가 초등학생이라면, TV를 거실에서 안방으로 옮기는 것은 어떨까요? 우선 TV가 안방에 있으면 아이들의 TV 보는 시간이 줄겠지요. 그리고 무엇을 보느냐도 중요한데 확실하게 효과가 있습니다. 혼자 거실에서 볼 때는 만화나 쇼 프로그램을 보겠지만 부모와 함께 TV 보는 습관을 들인다면 조금 더 양질의 프로그램을 보게 될 확률이 많겠지요. 물론 부모도 노력을 해야 합니다. 적어도 아이와 함께 볼 때는 오락 프로그램이나 드라마보다는 교육 방송이나 시사 프로그램, 다큐멘터리 프로그램 같은 것을 시청해야겠다는 의지가 필요합니다.

컴퓨터는 애초 설치할 때부터 거실에 두는 게 바람직합니다. 그리고 철저하게 당근과 채찍을 사용하시고요. 채찍은, 컴퓨터를 자료 검색과 문서 작성 용도로만 쓰게 하는 겁니다. 당근은 게임에 해당하는데, 반드시 학원을 다녀와서 잠시 쉬거나 공부하고 나서 잠시 기분 전환을 할 때 보상으로 하게 하는 것이지요. 그것도 평소에는 30분이 넘지 않게 시간을 통제하시고요. 컴퓨터 사용 일지를 기록하게 하는 것도 한 방법입니다. 몇 시부터 몇 시까지 무슨 목적으로 컴퓨터를 사용했다고 자녀에게 기록하게 해보세요. 부모님이 컴퓨터에 해박한 분이라면 즐겨찾기나 히스토리 컴퓨터 웹사이트 방문 기록를 보며 자녀가 어떻게 컴퓨터를 사용하는지 주기적으로 체크해야 합니다. 컴퓨터는 TV보다 더 강한 독서의 적입니다. 우리 딸도 밤에 학원을 마치면 "온라인 게임의 출석 체크만 하겠다"면서 "15분만 허락해 달라"고 합니다. 하지만 자율적으로 하겠다고 약속하고도 30분은 우습게 지나더군요. 컴퓨터는 TV보다 중독성이 더 심하기 때문에 더욱 강력한 통제가 필요합니다. 주변에서 맞벌이하는 부부나 컴퓨터 게임에 빠진 자녀를 둔 집에서는 암호를 수시로 바꿔 가며 잠금장치를 하는 경우도 봤습니다. 저희 집 같은 경우는 거실로 컴퓨터를 옮겨 놓고 불편한 의자를 놓았더니 아이가 오랫동안 컴퓨터를 사용하지 못하더군요. 일단 일정 시간이 흐르면 저나 제 남편이 "그만해라"라는 신호를 보냅니다. 무시하고 계속하다가도 한 시간만 지나면 의자가 불편하기 때문에 스스로 컴퓨터를 그만하는 경우도 있습니다. 제일 좋은 것은 거실을 서재처럼 꾸미는 거예요. 거실에서 TV를 보는 대신 부모님이 책을 읽어 보세요. 소파에서 부모가 책을 읽는데 어떤 자녀가 그 앞에서 컴퓨터 게임을 하겠습니까? 교육에 투자할 의향이 있다면 집안 인테리어도 독서 친화적으로 바꾸는 게 어떨까요? 저희 집은 책장을 다양한 곳에 배치하고 있어요. 가장 좋은 방법은 허리 높이의 책장을 집안 구석구석에 둘러놓는 방법입니다. 화분이나 액자는 그 위에다 놓고요. 복도건 화장실 옆이건 어디건 걸어 다니다 손만 뻗으면 책이 집힐 수 있도록 인테리어를 해보세요. 사방이 책인데 책을 읽지 않을 수 있습니까?

　조선일보와 대한출판문화협회가 공동 주관하는 '거실을 서재로' 행사의 반응이 좋다고 합니다. 가족 간의 대화가 살아나고 아이들이 책을 좋아하게 된 것은 기본이고 아이들의 창의력과 표현력도 늘었다고 하네요. 심지어 거실 서재를 동네 도서관으로 개방해 이웃과 우애가 깊어진 경우도 있다고 합니다. 이게 바로 책의 힘이 아닐까요?

02 학원과 숙제 때문에 책 읽을 시간이 없어요

내 아이에게 책을 읽게 하고 싶어도 책 읽을 시간이 없다고 합니다. 특히 초등학교 고학년 학부모에게서 이런 질문이 많았어요. 고학년이 되면 특목고 입시를 준비하는 경우가 많기 때문에 책 읽을 시간이 더욱 부족할 겁니다. 물론 공부에 도움이 되는 독서를 하는 방법이 있는데 그 이야기는 2장에서 자세히 하고, 먼저 생활 속에서 실천할 수 있는 몇 가지 팁을 들려드릴게요. 저 나름대로 이름도 붙였어요. '집중력이 높아지는 화장실'이랍니다.

화장실에서 신문이나 책을 읽으면 걱정부터 앞서는 어머님들이 계실 거예요. 변비가 심해지고 치질에 걸릴까 봐 걱정을 하시는 거죠. 물론 그럴 수도 있습니다. 하지만 잃는 것보다 얻는 게 많습니다. 화장실에서 신문 읽어 보신 적 있으시지요? 어떤 기사를 읽으면 다른 장소에서 읽을 때보다 그 기억이 오래 가는 느낌을 받지 않으시나요? 확실히 화장실에서는 집중이 잘 된답니다. 화장실에서 읽은 책은 반드시 끝까지 읽게 되는 경우가 많아요. 저는 이 방법을 딸 아이에게 적용했습니다. 화장실에 잡지꽂이를 설치해서 권하고 싶은 책을 꽂아 두었더니 결국은 틈틈이 읽어 완전히 읽어 내더라고요. 이제는 딸의 습관이 되서 화장실 들어갈 때마다 잡지꽂이에 책이 있는지 확인해요. 없으면 큰 소리로 "엄마! 빨리 권하는 책 갖다 주세요"라고 한답니다. 화장실에 들고 갈 책들은 스토리가 긴 문학 작품보다는 토막토막 읽을 수 있는 책들이 좋답니다. 저는 유정이가 흥미를 느끼는 분야나 쉬운 책보다는 평소에 잘 안 읽는 어려운 책을 권합니다. 이상하게 화장실에서는 읽어 내요. 정말 집중이 잘 되는지 안 되는지 당장 실천해 보세요.

또 한 가지 제가 적극 추천하는 방법은 이동 중 독서랍니다. 저희는 차를 구입하지 않았어요. 물론 차가 없으니 불편하지요. 특히 주말에 가족끼리 어디 놀러 갈 때는 차가 없다는 것이 아쉽기는 합니다. 하지만 장점도 있어요. 바로 독서 시간의 확보지요. 어쩔 수 없이 대중교통 수단을 이용하다 보니 이동 중에 책을 읽을 수가 있답니다. 우리 가족은 멀미가 심한 체질 덕분에 지하철을 주로 이용하는데 왕복 1시간이면 150~200쪽 분량의 책은 거뜬히 읽어 낼 수 있습니다. 사실 이 전략은 일반화하기 어렵지요. 대부분의 가정은 차가 있고 또 차를 이용해야만 하기 때문입니다. 그럴 경우에는 오디오 북을 활용하세요. 아직 종류가 다양하지는 않지만 가족이 함께 들을 수 있는 테이프를 들으세요. 제 조카의 경우에는 영어 동화를 듣더군요. 영어 동화를 들으면서 줄거리도 떠올리고 내용도 곱씹고 감명도 받으면 그것도 독서라고 할 수 있지요. IT에 능하신 분이라면 인터넷에서 다운을 받아 MP3 파일로 들려주시는 방법도 권해 봅니다. 아침에 일어나서 잠깐 동안 신문이나 책을 읽는 습관을 갖는 것도 좋습니다. 아침에 시간이 없으면 1교시 수업 전 자습 시간에 잠깐이라도 책을 읽고 수업을 시작하는 것도 좋습니다. 지역마다 다르지만 대구와 경북 지역의 학교에서는 '아침 독서 10분' 운동을 펼치고 있는 것으로 알고 있습니다. 10분이지만 책을 통해 집중력을 향상시키는 효과가 있어 그날 하루 수업이 잘 진행된다고 하는군요. 이런 것들을 짬짬이 독서법이라고 할 수 있습니다.

03 휴대폰을 사준 후로 갑자기 책을 안 읽어요

제가 볼 때는 독서의 가장 큰 장애물은 컴퓨터가 아니라 휴대폰입니다. 우선 휴대폰을 들고 다니면 책을 들고 다니지 않는 경우가 많습니다. 앞에서도 이야기했지만 저는 짬짬이 독서의 추종자인데 이것은 이동 중에 책을 항상 가지고 다녀야 가능합니다. 또한 컴퓨터와 달리 휴대폰은 항상 휴대하기 때문에 책이 찬밥이 될 확률이 높습니다. 그래서 저는 중학교에 입학한 유정이에게 아직 휴대폰을 사주지 않고 있습니다. 휴대폰이 생기면 일단 소통의 묘미에 빠져 들게 됩니다. 갈수록 관계에 약해지는 아이들이 휴대폰을 통해서라도 서로 소통한다면 그것을 꼭 부정적으로 볼 수는 없겠지만 휴대폰 때문에 책을 안 읽을뿐더러 성적도 떨어지는 아이들을 자주 보았습니다. 휴대폰이 생기면 문자 주고받으랴 게임하랴 당연히 산만해지고 시간과 관심을 빼앗기지요. 저도 EBS에서 보았는데 수업 시간에 집중을 하지 못하는 아이들의 이유 중 가장 높은 비율이 휴대폰으로 문자를 주고받기 때문이라고 하는군요.

그런데 휴대폰은 엄마가 필요해서 아이에게 사주는 경우가 많습니다. 주변에서 엄마들을 만날 때 느낀 점인데, 요즘에는 남편에게 휴대폰으로 전화를 거는 일은 별로 없고 대부분 아이들에게 "너 학원 갈 때 됐다"고 알려 주거나 확인하려는 데 휴대폰을 사용하더군요. 게다가 요즘에는 세상이 험하니까 무슨 일이 생길지 불안하기 때문에 휴대폰이 꼭 필요할 겁니다. 일단 휴대폰을 사용해야 한다면 개통 때 문자 수신과 통화료 약정을 최소한으로 설정해 두세요. 문자 송수신만 줄여도 효과가 클 겁니다. 휴대폰으로 동영상을 감상하거나 TV를 보는 등의 기능을 못하게 하세요. 사실 그것은 부수적인 기능이고 꼭 필요하지는 않으니까요. 휴대폰을 순수하게 통화하는 데만 사용하도록 한다면 휴대폰 때문에 아이가 책을 읽지 않거나 성적이 떨어지는 일은 줄어들 겁니다.

04 방학 중에 아이에게 책을 많이 읽게 하고 싶어요

우리 어렸을 때는 책이 많이 부족했는데 요즘은 말 그대로 '풍요 속 빈곤'입니다. 어린이 책 전문 출판사도 많아졌고, 책 한 권마다 온갖 공을 들여 거의 예술품에 가까운 책들이 쏟아지고 있습니다. 너무 많다 보니 어떤 책을 골라 읽혀야 할지 모르겠다는 말씀을 하시더군요. 이때 기댈 언덕은 추천 도서 목록입니다. 학기 초에 학교에서 아이들에게 나눠 주는 필독서 목록, 그리고 어린이도서연구회와 아침독서운동본부 등 독서 운동 단체의 추천 도서와 칼데콧 상 Caldecott Award이나 뉴베리 상 Newberry Award 등 유명한 어린이 문학상을 수상한 작품들을 먼저 읽히시면 되겠지요. 그리고 일간지의 북 리뷰도 눈여겨 두었다가 적어도 한 달에 한 번 정도는 서점 나들이를 해서 아이들이 직접 책을 구매하는 뿌듯함도 느껴 보게 해주시고요. 책을 구입하기가 부담스러우시면 동네 도서관을 이용하세요. 요즘은 이동도서관이 활발해서 아파트 단지 앞까지 오는 서비스를 해줍니다. 보고 싶은 책이 있으면 도서관 홈페이지에 적극적으로 원하는 책을 신청하세요. 한 달에 한 번꼴로 구입해 주는데 아이 이름으로 홈페이지에 가입해서 직접 신청하게 해보세요. 자신의 이름으로 신청한 책이 구비되면 제일 먼저 대출 받을 수 있는 특권도 있어 아이들이 좋아합니다. 저 역시 "희망 도서 비치했습니다. ○○일까지 우선 대출하실 수 있습니다"라는 문자 메시지를 받으면 아이처럼 기쁘답니다.

학기 중에는 책을 읽을 시간이 부족합니다. 학교에서 내주는 숙제와 학원 공부하기도 빠듯하기 때문입니다. 그래서 저는 방학 기간에 집중적으로 독서를 해야 한다고 생각합니다. 방학 동안 책을 읽지 않는 학생들은 학습 능력을 잃어버리기 쉽습니다. 방학을 그냥 헛되이 보낸 아이들은 개학 후 한동안 후유증이 이어집니다. 방학이 중요한 만큼 애초부터 확실히 목표를 정하고 책을 읽읍시다. 뒤에 보상과 연결이 되겠지만 방학 기간 중에 50권이면 50권, 100권이면 100권이라는 목표를 정하고 달성하면 보상을 해주세요. 초등학교 저학년에게는 북 트리를 만들어서 한 권씩 읽을 때마다 예쁜 스티커를 붙여 주세요. 아이들이 스티커 느는 것을 보는 재미에 책도 함께 읽습니다. 요즘에는 방학에도 학원 시간이 학기 중과 달라지지 않기 때문에 학교에서 수업한다고 생각하고 그 시간에 아이들에게 책을 읽게 하세요. 읽다 보면 빠져 들 수밖에 없는 게 책이라 하루에 3~4권 고학년은 2~3권 은 거뜬하답니다.

그리고 방학 중에는 정기적으로 도서관 나들이를 해봅시다. 저희는 가까운 이진아기념도서관과 서대문도서관을 활용하는데 매주 수요일 오전이라든지, 시간을 정해 놓고 아이와 함께 도서관을 가는 겁니다. 도서관에서는 책도 빌릴 수 있고 그 자리에서 읽을 수도 있습니다. 또 도서관마다 다양한 방학 프로그램이 운영되기 때문에 적극적으로 참여하다 보면 그 재미가 자연스럽게 책 읽기로 연결됩니다.

교육에 관심 있는 아줌마들끼리 모여서 귀동냥으로 얻는 정보 또한 쏠쏠하답니다.

Tip : 방학 중 독서 지도 가이드

① 새 학기의 필독서를 미리 구해 읽어 봅시다. 새 학년 1학기 학과 공부에 대한 사전 예습 효과도 있습니다.

② 1년 동안 읽은 책 중에 가장 감명 깊게 읽은 책을 갖고 독서 신문을 만들어 봅시다. 독서 못지않게 중요한 것이 독후 활동이기 때문입니다. 학기 중에는 바빠서 제대로 된 독후 활동을 못한 친구는 방학 기간이라도 도전해 보세요.

③ 방학 동안에는 책과 체험 학습을 꼭 연계시킵시다. 지난 10월 재개관한 용산국립중앙박물관에 체험 학습을 간다면, 그전에 우리 조상들의 유물·유적에 관한 책을 미리 읽어 보는 것이지요. 현장에서는 아는 만큼 보인답니다.

④ 학기 중에 읽기 힘든 장편이나 시리즈물에 도전합시다. 여유를 갖고 책을 읽을 시간이 방학 외에는 없지요. 평소 분량이 많다는 이유로 미뤘던 책들은 방학 기간에 읽는 기회를 가져 봅시다.

05 체험 학습을 독서랑 어떻게 연결시키면 좋을까요?

매달 2번씩 놀토가 생기면서 자녀와 함께 체험 학습을 떠나고자 하는 부모님들이 늘고 있습니다. 백번 듣는 게 한 번 보는 것보다 못하다는 말이 있습니다. 경험과 지식 중에서 아이들에게 더 중요한 것은 경험이라고 할 수 있지요. 독서 못지않게 체험 학습이 중요한 것은 그래서입니다. 저는 진작부터 체험 학습과 독서를 연결 짓자고 주장해 왔는데 이제는 이 말의 중요성을 누구나 공감하시더군요. 체험 학습에서 독서를 활용하는 방법으로는 다음과 같은 것들이 있습니다.

3학년 때부터 사회 과목이 별도로 분리되는데 핵심은 지리입니다. 우리가 사는 고장의 모습이 주로 다루어지기 때문이지요. 5~6학년에는 부모와 함께 체험 학습을 떠나기가 쉽지 않은 관계로 3~4학년이 체험 학습을 떠나기에 가장 좋은 시기일 겁니다. 체험 학습을 떠나기 전에 가장 먼저 할 일은 지도 보는 방법을 책을 통해서 익히게 해주는 겁니다. 방위 개념, 지도의 기호 읽기 등을 아이들에게 숙지시킬 필요가 있습니다. 그다음에는 인터넷 홈페이지 등을 활용해 가고자 하는 곳의 정보를 수집한 뒤 탐사 계획표를 짜야 합니다. 계획 단계에서부터 아이들을 적극적으로 참여시키는 것이 좋습니다. 그 다음에 할 일은 자녀와 함께 관련된 책을 읽는 겁니다. 주로 유적지나 문화재를 찾는 경우가 많은데 위인전이나 역사서를 읽고 가는 것이 좋습니다. 체험 학습을 다녀올 때마다 느끼는 점인데 '아는 만큼 보인다'는 말이 딱인 것 같아요.

박물관도 자주 활용해야 합니다. 저희가 사는 서대문구에는 자연사박물관이 있는데 초등학교 저학년 때 아이들이 공룡에 대해서 한참 관심이 있을 때 공룡 그림책을 보여 주고 박물관을 탐방하면 그 효과가 배가됩니다. 초등학교 고학년 때는 남대문 재래시장을 들러 실물 경제가 돌아가는 것을 보고 근처에 있는 한국은행 화폐금융박물관이나 조흥금융박물관을 견학하는 것도 좋은 방법입니다.

체험 학습을 하고 나서는 어떤 식으로든지 기록을 남기는 게 좋습니다. 그 전형적인 사례가 주제 체험 학습 보고서인데 만드는 방법은 3장에서 자세하게 소개하고 있으니 3장을 참조하세요.

06 책을 읽고 무슨 내용인지 기억을 하지 못해요

전에 온라인상에서 학생들의 독해력을 교정해 주던 업체에 컨설팅해 준 적이 있어요. 이곳에서 많은 학생들의 케이스를 보았는데 요즘 애들이 책을 안 읽는 이유는 책을 안 좋아해서가 아니라 글자를 읽지 못해서라고 합니다. '초등학교 입학 전에 한글을 뗐는데 그게 무슨 소리냐'라는 의구심이 드실 겁니다. 제 견해는 아닙니다만 그 회사에서는 많은 아이들에게 난독증이라는 증상이 있다고 합니다. 내가 지금 어디를 읽는지 몰라 같은 대목을 반복해서 읽기도 하고 아직 음독의 흔적인지 속으로 글을 발음하면서 읽는다고 하네요. 쉽게 말하면 아이들이 책을 읽어도 무슨 내용인지 모르고 읽는다는 겁니다. 그래서 의미 단위로 글을 읽으라고 하는데 무엇이 의미 단위인지 파악하는 능력은 그 분야에 배경 지식이 있고 없고에 따라 달라지지요. 결국 배경 지식을 높이지 않으면 독해력은 늘 수 없다는 겁니다. 책을 많이 읽으면 독해력도 교정되고 배경 지식도 늘지요. 그러다 보면 난독증 같은 것은 자연스럽게 극복되는데 사실 학부모들은 인위적으로 독해력을 교정할 수 있다는 점에 매력을 느낄 수도 있다고 생각합니다. 유정이의 경우는 책을 많이 읽는 과정에서 자연스럽게 속독을 익혔는데 150~200쪽 정도 분량의 책이라면 한 시간 정도가 걸립니다. 저도 책을 너무 빨리 읽으면 이해력이 떨어질까 걱정을 했는데 유정 아빠 말로는 그렇지 않다고 하네요. 유정 아빠는 유정이가 읽은 책의 제목을 보고 내용을 알고 있는 책이라면 몇 가지 질문을 던집니다. 줄거리 파악이나 사건 전개는 물론이고, 아주 세세한 것도 기억하는 경우가 많다고 하네요. 유정 아빠는 기자인 관계로 저자나 유명 강사들을 자주 만나는데 그분들도 한결같이 책은 읽으면 읽을수록 속도가 빨라진다고 말한답니다. 저도 남들보다 책 읽는 속도가 빠른 편이라서 어느 정도 공감하고 있습니다.

제가 속독 전문가가 아니기 때문에 말씀드리기는 어렵습니다만,

저는 이런 경우에 『2배 빨리 2배 많이 야무지게 책 읽기』라는 책을 권해 드려요. 속독이라는 카테고리에서는 이 책이 세계적으로 유명한데 이 책을 쓴 릭 오스트로브라는 사람은 난독증을 치유하기 위해서 '손가락 조절기'를 사용할 필요가 있다고 하는군요. 손가락 조절기란 오른손잡이는 오른손 검지를, 왼손잡이는 왼손 검지를 사용해 손가락을 움직이면서 책을 읽는 겁니다. 물론 시선은 손가락 끝이 아니라 글자를 향해야겠지요. 이 방법은 집중력을 높여 주면서 내가 어느 부분을 이해하고 어느 부분에서 막히는지를 눈으로 확인할 수 있다는 장점이 있습니다. 즉, 손가락이 빨리 움직일 때는 이해가 잘 되는 부분이고 손가락 속도가 느려지면 이해가 안 되는 곳이라는 것을 의식적으로 알 수 있다는 거죠. 이해가 잘 안 되는 부분은 줄을 긋지 말고 그 부분을 동그라미 치면서 읽는다든지 하는 식으로 변화를 주면 읽는 행위 자체에서 재미를 느낄 수 있습니다. 그만큼 집중하기 쉽다는 거지요. 시간이 흘러 손가락이 없어도 내가 이해하는 부분과 그렇지 못한 부분을 자연스럽게 구분해서 읽을 수 있다면 그때는 손가락 조절기검지를 사용하지 않아도 됩니다. 독해력은 배경지식과 관계가 있지만 어휘력과도 관계가 있습니다. 그래서 책을 읽기 전에 기본적으로 알아야 할 개념들은 국어사전이나 백과사전을 통해 찾는 습관을 들이는 게 중요합니다. 책을 읽을 때 모르는 단어는 문맥에서 파악하라는 주문은 어느 정도 독해력을 갖춘 학생에게 통하는 이야기이고, 초등학교 저학년이나 독해력이 떨어지는 고학년 학생들은 사전을 옆에 두고 모르는 단어는 스스로 찾아 내용을 확인하고 넘어가는 게 좋습니다. 필요에 따라서는 공책에 옮겨 적을 필요도 있습니다.

07 다독이 좋나요, 정독이 좋나요?

요즘 학부모들은 독서와 독서법에 대한 관심이 많으시더군요. 다독을 많이 해야 하는지 정독을 많이 해야 하는지 묻는 분들이 참 많았습니다. 사실 다독의 반대는 정독이 아닙니다. 정독은 책을 꼼꼼히 읽는다는 뜻이고 그 반대는 다독이 아니라 속독이 되겠지요. 그런데 학부모 중에서는 책을 많이 읽으려면 빠르게 읽어야 한다고 생각하시기 때문인지 속독과 다독을 같은 뜻으로 생각하고 계시는 분들이 많으세요.

초등 단계에서는 속독이 조금 위험하다고 하네요. 수능 언어 영역을 치르는 고등학생들은 짧은 시간 안에 많은 지문을 읽고 문제를 풀어야 하기 때문에 속독이 필요하지만, 초등학생들이 일찍 속독을 배울 경우 문제가 있다고 합니다. 특히 성격이 급하거나 치밀하지 못한 아이들, 산만한 아이들이 정독보다 속독을 먼저 배울 경우, 독서 습관을 망칠 우려가 있다고 하네요. 이처럼 읽기 방법의 문제에 대한 해법은 개인차에 따라 다르겠지만, 다방면의 책을 읽는 것이 좋은지 한쪽 방면의 책을 읽는 게 좋은지에 대한 질문에는 정답이 있습니다. 이화여대 최재천 교수의 말로 대신할까 합니다.

앞으로 고령화 사회가 되면 한 직업만으로는 살 수 없을 만큼 각 개인이 긴 시간을 갖게 될 겁니다. 과외 선생이 옆에 붙어서 가르쳐 주는 것도 찰나적인 것이죠. 결국 자기 스스로 정보를 찾아 소화해 내는 능력이 가장 중요한데, 그 해결책은 다독에서 비롯됩니다.

초등 단계에서는 다독이 절대적으로 필요합니다. 다독을 할 시기가 초등학교 때 외에는 없기 때문입니다. '다독 3,000'이라는 말도 있지요. 초등학교 시절에 책 3,000권을 읽는다는 이야기인데 어른 책 기준으로 생각하시면 안 됩니다. 초등 저학년 때는 그림책을 읽고 초등 고학년이라도 큼지막한 삽화가 실리고 글자체가 큰 줄글 책이 대부분이어서 방학 기간 중에는 속독을 배우지 않은 학생이라도 하루에 3~4권 정도는 쉽게 읽습니다. 신문 인터뷰 등을 보면 방학 동안 하루에 30권씩 그림책을 읽는 아이들도 있으니 3,000이라는 숫자에 기가 질릴 이유는 없다고 생각합니다. 저도 지금까지 읽은 그림책과 초등학생용 도서를 합치면 3,000권이 훨씬 넘어갑니다.

그러나 대부분 여학생들에게는 문학책을 읽게 하고 남학생들은 과학책을 읽게 하는 경우가 많은데 이런 방식의 책 읽기는 문제가 있다고 생각합니다. 초등학교 때는 어느 분야에 소질이 보이더라도 그쪽으로 독서 취향을 심화시켜서는 안 된다는 것이지요. 문학·역사·과학·사회·예술 등 주제별로 책을 골고루 읽게 해 아이들에게 폭넓은 교양을 갖추도록 하는 게 중요합니다. 이 책의 모토가 그래요. 교과와 관련된 책을 다방면으로 읽어 둠으로써 논술과 공부의 기초 체력을 동시에 쌓자는 취지거든요. 아이들이 '왜 엄마가 나에게 이런 책들을 읽힐까'라고 이유를 알지 못해 황당해 하더라도 쌓이면 나중에 진가를 발휘합니다. 초등학교 때는 문제집 풀이 위주의 공부보다 교과 관련 책들을 다독해 두면 중·고등학교 올라가서 반드시 도움이 됩니다. 다만 철학책은 예외인데, 논술 때문에 아이들에게 철학 동화나 논리학 책을 읽게 하는 부모님들이 많습니다. 특히 제 남편이 그래요. 어린이들이 철학책을 많이 읽어야 한다는 신념을 갖고 있는데 저는 꼭 그렇게 생각하지는 않아요. 초등 단계에서는 논리력보다는 감수성이 중요하고 논리적 사고나 비판적 사고보다는 상상력이나 창의력을 포함한 일반 사고력을 키워 주는 게 더 중요합니다. 이런 사고력을 얻는 것은 꼭 철학책을 통해서만 가능한 것은 아니거든요. 대신 저는 문과적 성향이 다분한 아이들에게도 과학책을 읽게 해야 한다는 주장에는 동의합니다. 지금은 문과 이과 구분이 사라지는 통합의 시대라고들 하지요. '내 아이를 법대에 보내야지, 의대에 보내야지'라는 생각에서 일찌감치 문과와 이과라는 울타리를 정하고 울타리 안에서만 지내게 해서는 절대 안 됩니다. 이과를 희망하는 학생들이 문학이나 역사 서적을 보게 하는 것은 그렇게 어렵지 않은데 반대의 경우는 정말 어렵습니다. 중·고등학교 올라가면 갈수록 어려워져요. 그래서 초등학교 때 과학책을 많이 읽어야 한다는 게 제 독서론입니다. 쉽고 재미있는 과학책이 요즘 정말 많이 나와 있더군요. 만화로 보는 과학, 요리로 보는 과학 등 셀 수 없을 정도에요. 부모님도 함께 읽으시면 좋습니다. 부모와 자녀가 과학책을 함께 읽는 방법에 대해서는 2장에서 정말 자세하게 다룰 거거든요. '책 먹는 하마'가 권하는 추천 도서 목록을 보면 과학책이 너무 많다고 느끼실지 몰라요. 인정합니다. 제가 너무너무 과학책을 좋아해서 그래요.

08 책 읽는 자세도 중요한가요?

요즘 아이들 인성 교육이 안 되어 있다고 하지요. 버릇이 없다고 합니다. 참을성도 많이 부족한 편이고요. 그래서 책 읽을 때만이라도 자세를 바로잡는 것이 중요하다고 합니다. 물론 바른 자세로 보는 것이 가장 이상적이겠지요. 책상에 정 자세로 앉아 책을 읽는 게 가장 좋은 습관일 겁니다. 먼저 정신 수양을 하고 공부를 하게 했던 우리 조상님들도 책 읽는 자세를 굉장히 따졌습니다. 그래야 집중력도 높아질 거고요. 하지만 아이들 입장도 한번 생각해 보세요. 아침부터 학교에 가 책상 앞에서 반나절 이상을 앉아서 보냈고 학원에서 보내는 시간까지 생각한다면 아이에게 책 읽는 자세 때문에 스트레스를 주는 것보다는 원하는 자세로 편하게 읽도록 하는 게 더 나을 것 같다는 생각이 안 드시나요?

편안한 자세로 책을 읽게 할 경우 장점도 많습니다. 우선 책과 친해지게 할 수 있습니다. 책을 어려워하고 책과 공부를 구분하지 못해 집에서 책 읽기를 기피하는 학생들에게 책 읽는 자세를 억지로 강요하는 것은 역효과가 더 큽니다. 여러분 '나폴레옹의 5분 독서'라는 말 들어보셨나요? 나폴레옹은 엄청난 독서광이었는데 전장에서도 항상 책을 들고 다니면서 회의와 회의 사이 5분이라도 짬이 생기면 책을 읽는 버릇이 있었기 때문에 생긴 말입니다. 나폴레옹은 자기 전에 반드시 5분 동안이라도 책을 읽고 잤다고 합니다. 침대에서 책 읽는 습관인데요, 이게 아주 바람직하다고 생각합니다. 자기 전에 침대에 누워서 책을 읽는 버릇은 여러 모로 효과가 좋습니다. 숙면을 취하는 데도 도움을 주고 책 내용이 자는 도중에 자기 것으로 자연스럽게 전이된다고 합니다. 자기 직전에 TV를 보거나 컴퓨터 게임을 하는 것은 절대 피하는 게 좋습니다. 침대가 되었든 소파가 되었든 아이가 책에 몰입하면 자연스럽게 자세가 바뀝니다. 유정이는 읽던 책에 호기심을 느끼면 소파에서 누워 읽다가도 자기 방으로 책을 들고 가 스탠드를 켜고 책상에서 읽는답니다. 여러분도 여러분의 자녀에게서 비슷한 경험을 하셨을 겁니다.

저는 책 읽는 자세에 대한 질문을 받을 때마다 자세보다는 오히려 조명에 신경 써주시는 것이 좋다고 말씀드립니다. 조명은 확실히 눈에 많은 영향을 주는 것 같습니다. 눈이 피곤하면 책을 오래 읽고 싶어도 읽지 못합니다. 가정의 거실 조명, 방 조명이 책 읽기에 어둡지 않은지 그것부터 확인해 보세요. 평소에는 절전하더라도 독서할 때는 전기 요금을 아까워해서는 안 됩니다. 부분 조명이라도 꼭 켜서 눈을 보호해야 합니다.

우리 집의 경우는 딸아이 책상을 벽 쪽에 붙였다가 책상에 그늘이 지는 바람에 책상을 한쪽 측면만 벽에 붙도록 위치를 바꿔 보았습니다. 방이 약간 좁아 보이는 단점은 있지만 책을 보거나 공부하는 데는 훨씬 환해졌습니다. 딸아이도 만족하고요. 책 읽는 환경을 조성하기 위해서는 자녀의 책 읽는 자세를 교정하기보다는 조명을 독서 친화적으로 꾸미는 게 더 중요하다는 생각입니다.

09 책과 보상을 연결시켜도 될까요?

제가 들은 이야기 중에서 가장 애절했던 사연은 아이가 책을 안 읽어 책을 읽을 때마다 돈을 준 부모의 이야기입니다. 아이가 용돈 받으려고 책을 읽기는 한다는데, 놀라운 건 이 방법을 사용하는 부모들이 적지 않다는 점입니다. 조선일보에서 매주 월요일자로 발간되는 '맛있는 공부' 홈페이지에 가보면 '초보 엄마 vs 고수 엄마'라는 코너가 있습니다. 그곳에 올라온 사연 중에서 가장 많은 사연이 '내 아이가 어떻게 하면 책을 읽을 것인가'라는 주제라고 하네요. 독서 상담이 영어 상담보다 더 많다고 하니 얼마나 요즘 아이들이 독서를 안 하는지 피부로 알 수 있을 것 같아요.

앞에서도 책 읽기에는 어느 정도 강제가 필요하다고 했는데 강제로만은 안 되고 적절하게 당근을 주셔야 할 겁니다. 바로 '프리 맥 효과'라고 할 수 있지요. 프리 맥 효과란 일종의 보상 효과인데 아이의 바람직한 행동에 적극적으로 보상을 해줌으로써 더욱 바람직한 행동을 할 수 있도록 유도하는 전략을 말합니다. 미국의 유명한 대중 심리학자 필립 C. 맥그로'닥터 필'로 더 유명합니다가 그의 저서 『위대한 가족을 만드는 7가지 원칙』에서 자세히 소개하고 있습니다. 엄마나 아빠가 가족에 대한 통제력을 확보하려면 프리 맥 효과와 그 반대인 '타임아웃 효과'를 적절하게 병행할 필요가 있다는 설명입니다. 타임아웃 효과는 아이가 잘못을 할 경우, 아이가 좋아하는 것을 일시적으로 하지 못하게 하는 방법입니다. 채찍이 되겠지요.

이번에는 보상 측면만 살펴보겠습니다. 우선 칭찬해 주기가 있습니다. 이 방법은 자녀가 어릴수록 효과를 봅니다. 책을 읽을 때마다 엄마가 행복해하는 모습을 본 자녀라면 칭찬을 들으려고 책을 자주 펼쳐 보게 됩니다. 결과가 원인을 촉진하는 '양성 피드백'이 형성되는 것이지요. 초등·중학년 때에는 책을 다 읽고 나서 컴퓨터 게임을 하거나 TV를 볼 수 있도록 허락해 주는 겁니다. 책을 한 권 읽으면 그 대가로 원하는 TV 프로그램 한 편을 볼 수 있다는 상호 간에 약속을 하는 것이지요. 독서와 독서의 방해꾼인 TV, 컴퓨터 게임을 거래하는 것 같아 그렇기는 하지만 책 안 읽는 아이에게 책을 읽게 하려면 어느 정도 필요한 측면이 있습니다. 고학년이 되면 칭찬이나 TV 보기 등의 당근은 잘 통하지 않습니다. 어느 정도 부모 말이 통하지 않는 시기에서는 도입부의 사례처럼 금전적 보상을 해주는 방법이 있습니다. 금전적 보상에는 어느 정도 지략이 필요합니다. 처음에는 책 읽는 것만으로 용돈을 주셨다면 단계별로 금전적 보상을 확대하는 겁니다. 책 읽기가 어느 정도 즐거워졌다면 그 후에는 책을 읽고 독후감을 쓰면 좀 더 많은 액수의 용돈을 주는 것이지요. 최종 단계에서는 책을 읽고 논쟁점을 뽑아 논술문을 써볼 때까지 베팅을 끌어올릴 수 있습니다. 언제까지 금전적 보상을 해야 할까요? 갈수록 판돈을 올리다 보면 아이가 '독서=돈'이라는 잘못된 생각을 갖게 될 우려도 있습니다. '아이가 처음 자전거를 배울 때처럼 뒤에서 잡아 주다가 아이가 모르는 사이에 슬그머니 놓아주라'는 말을 드리고 싶군요. 책을 읽고 독후 활동을 하는 게 재미있어지면 아이도 꼭 금전적 보상 때문에 책을 읽으려고 하지는 않을 테니까요.

10 책 읽고 나서 아이의 질문에 어떻게 답해야 하나요?

아마 학부모들이 가장 어려워하는 것은 바로 책을 읽고 나서 쏟아지는 질문들에 어떻게 대처하느냐는 점일 겁니다. 제 생각에는 솔직한 게 제일 좋습니다. 모르는 것은 모른다고 하고 아이와 함께 답을 찾아 나가는 과정에서 부모와 아이는 더 많이 배울 수 있습니다. 아마 여러분들은 과학이나 사회 과목에 관한 질문에 답하기가 어려울 겁니다. 예전에 배웠던 내용들이라 기억이 나지 않기 때문이지요. 또 새로 업데이트된 내용들은 배운 적이 없으실 거고요. 예를 들어 저 때만 하더라도 고체, 액체, 기체를 물질의 3형태라고 배웠는데 요즘 교과서에는 고체, 액체, 기체 외에 플라즈마라는 액체와 고체 사이의 제4의 물질 형태가 포함되어 있습니다. 그런 내용들을 물어보면 과학 상식에 밝지 않으신 학부모님들은 답하기 어려우실 겁니다.

2장에 선행독서 파트에서는 사회과와 과학과 관련 도서들이 많이 소개되고 있는데 도움을 받으실 수 있을 겁니다. 지식과 관련된 질문이라면 내가 공부해서 자녀에게 답을 해줄 수 있지요. 책을 찾아보거나 인터넷을 검색하거나 백과사전을 뒤져 보면 자녀가 궁금해 하는 질문들에 답을 해줄 수 있습니다. 그런데 문제는 답이 없는 문제들입니다. 그런 질문들은 참 대답하기 난처합니다. 아이들이 문학 작품을 읽고 받은 감동을 부모에게 털어놓을 때, 문제는 내가 그 작품을 읽지 않았을 경우, 맞장구 쳐주기가 어렵다는 겁니다. 아이들이 혼자 떠들면 흥이 안 나 결국 책 읽기 자체에 흥미를 느끼지 못할 것이라는 걱정도 있습니다. 그러지 않기 위해서는 아이가 읽은 책은 부모도 읽어야 한다는 이야기인데 현실적으로 어렵지요. 질문과 답변이라는 것 이상의 독후 활동이 없는 상황에서 답을 학교 선생님이나 학원 선생님에게서 얻으라고 할 수도 없습니다. 결국 자녀와 지적인 대화를 할 수 있는 기술이 필요합니다. 실제로 보여 드리지요. 저는 단답형 질문에 강한 반면에 제 남편은 꼬리에 꼬리를 무는 방식의 대화에 강한 편입니다. 제가 직접 들은 내용을 전하겠습니다. 『어린 왕자』를 읽고 제 남편과 딸이 나눈 대화입니다.

딸: 아빠, 길들인다는 말이 무슨 뜻이야?

아빠: 유정이가 길들인다는 뜻을 아직 모른단 말이야?

딸: 그게 아냐, 나는 여태까지 야생의 동물을 애완용으로 만드는 것이라고 생각했어.

아빠: 그런데?

딸: 『어린 왕자』를 보니까 그게 아니더라고. 관계를 맺는다는 뜻이래.

아빠: 맞아. "네가 길들인 것에 대해서는 영원히 책임을 져야 한다"는 대사가 나오지. 그런데 관계를 맺는다는 게 뭔지

정확히 아니?

딸: 내 생각인데. 관계를 맺기 전에는 그저 남남이지만 관계를 맺은 뒤에는 둘 사이에 남남이 아니라 친구, 원수, 부모 자식 등 특별한 사이가 된다는 뜻 아닐까?

아빠: 맞아. 특별한 사이가 된다는 뜻이야. 특별한 사이에도 차이가 있어. 친구나 연인 등은 자신이 선택해서 맺을 수 있는 관계지만 부모 자식은 이미 태어날 때부터 정해져 있는 거잖아? 그래서 부모와 자식 간에는 관계를 맺는다는 말을 안 쓰는 거야. 입양이나 재혼 등으로 새로운 가정을 만들 때 외에는 말이야.

딸: 이제 알 것 같다. 관계는 만들어지는 거구나. 세상을 살기 위해서는 어떤 식으로든 관계를 맺어야 한다는 뜻이고.

책을 읽고 유정이가 모르는 어휘가 나와 질문을 하니까 아빠는 그 질문에서 자기가 잘 알고 있는 개념 '관계'로 끌고 왔습니다. 유정 아빠는 이렇게 하더라고요. 유정이처럼 여러분의 자녀들도 책을 읽고 모르는 어휘에 관한 질문을 많이 해올 겁니다. 그때는 사전을 찾아 그 뜻을 알려 주는 게 아니라 내가 살아온 경험에 비추어 그거는 이런 뜻으로 해석하는 게 좋다고 부모님만의 의견을 제시해 주는 수법을 쓰세요. 물론 어느 정도 객관성을 유지해야겠지요. 그 질문을 내가 가장 자신 있어 하는 영역으로 끌고 들어온 뒤 그에 대한 부모님의 의견을 제시해 주는 방식입니다. 이런 식의 과정을 밟다 보면 아이의 질문에 대해 답하는 요령이 자연스럽게 생긴답니다. 이 책 3장 영화와 책을 갖고 하는 독후 활동에 저와 유정이가 나눈 대화를 참조하세요.

11 읽고 나서 독후 활동을 반드시 해야 하나요?

책을 읽을 때마다 매번 독후 활동을 해야 한다면 그것만큼 짜증나고 부담스러운 게 있을까요? 『책을 읽은 다음엔… 제발 아무 말도 하지 마』라는 책 제목도 있지 않습니까? 그런데 어머니들 생각은 다르시더라고요. 책을 읽었으면 반드시 독후 활동을 해야 한다는 일종의 강박관념 같은 것들을 갖고 계시더군요. 독후 활동은 사실 꼭 필요합니다. 문제는 방법입니다. 아이들이 지겹지 않게 이끌어 주는 게 가장 중요합니다. 독후 활동은 저학년과 고학년에 대한 해결책이 다릅니다.

저학년은 독후 활동을 강조하는 편이고요, 고학년은 꼭 독후 활동을 병행할 필요는 없다는 게 제 지론입니다. 현실적으로 고학년들은 책 읽을 시간도 부족한데 읽고 독후감까지 쓰라고 하면 더욱 안 읽으려고 할 겁니다. 고학년들에게는 읽고 일일이 독후 활동을 하게 하는 것보다 책에서 주제를 뽑아서 모아 두는 게 좋습니다. 굳이 글로 독후 활동을 남기지 않아도 상관없습니다. 요즘 휴대용 MP3 플

레이어는 녹음 기능이 있잖아요? 책을 읽고 나서 그 내용에 대한 요약이나 느낀 점을 말로 표현하게 하고, 그것을 녹취해서 들려주세요. 내가 나의 표현을 듣는 것이기 때문에 녹취를 듣다 보면 자연스레 표현을 좀 더 정제하고 싶은 마음이 생기거든요. 글로 다듬고 싶다는 마음이 들 거예요. 그때는 다음과 같은 팁을 하나 드릴게요. 하드커버에 공책 절반 크기만 한 예쁜 노트를 아이에게 선물해 주세요. 그곳에 읽은 책의 주제를 먼저 적고 책 제목을 적은 다음 느낀 점을 간단하게 쓰게 하는 겁니다. 고학년에게 중요한 건 주제 의식이지 줄거리 파악이 아니거든요. 예를 들면 『어린 왕자』와 『샬롯의 거미줄』은 '관계 맺음우정', 『로빈슨 크루소』는 '새로운 환경에 적응 또는 고독', 『마당을 나온 암탉』은 '희생', 『연어』는 '정체성', 『백범일지』는 '민족' 하는 식으로 말이에요. 미리 키워드들을 만들어 놓는 것도 한 방법입니다. ㄱ은 '관계', ㄴ은 '나', 'ㄹ'은 '로봇' 등이 있을 수 있겠네요. 반드시 한 작품에 하나의 주제만 뽑아낼 필요는 없습니다. 이런 식으로 하면 초등학교 졸업할 때쯤이면 각 주제로 책 리스트가 모아지겠지요. 일종의 키워드 사전, 배경 지식 노트가 되는 것이지요. 나중에 글쓰기나 논술문을 작성할 때 그 주제로 써먹을 수 있는 자료가 됩니다. 줄거리 파악이나 등장인물과 주요 사건에 대한 지식은 독서 퀴즈로 해결할 수 있습니다. 제가 예로 든 책들은 독서 퀴즈 대회에 자주 등장하는 책들이고 인터넷 등에서 독서 퀴즈 문제지를 쉽게 구하실 수 있습니다. 인터넷에 떠도는 독서 퀴즈 문제집을 구해 아이에게 풀어 보게 하면 자연스럽게 독후 활동이 됩니다.

저학년들은 독후 활동이 책 읽기보다 더 재미있을 수 있어요. 재미있기만 하면 독후 활동이 오히려 책을 좋아하게 만드는 요소가 됩니다. 그런 사례들은 3장에서 자세하게 소개하고 있습니다. 3장에 소개된 독후 활동은 저학년은 물론, 고학년들에게도 적용할 수 있지만 전반적으로 초등학교 저학년 학부모에게 유익한 정보라고 생각합니다. 3장까지 다 읽으셨다면 2장에서 언급된 책을 갖고 독후 활동에 한번 도전해 보세요.

12 아이들 눈높이는 어떻게 맞춰야 할까요?

아이들 눈높이에 맞는 책을 고르기는 쉽지 않습니다. 전문가도 어려워하는 분야입니다. 특히 논술 전문가를 자처하시는 분들은 지나치게 어려운 책들을 학생들에게 권하는 경우가 많습니다. 논술 학원에서 수업이 제대로 이루어지지 않는 이유가 필독서가 어려워 학생들이 전혀 읽지 않은 상태에서 토론을 하기 때문이라는 이야기를 들은 적이 있습니다. 이쯤 되면 독서라는 이름의 폭력이라고 할 수 있겠지요. 대개 그 학년에 꼭 읽어야 할 필독서라는 이름으로 독서가 강요되는데, 많은 분들은 학년별 필독서가 의미 없다고 하십니다. 아이들마다 독서 능력과 습관, 성향이 다르기 때문에 하시는 말씀일 겁니다. 그런데 현실적으로는 다소 애매하더라도 학년별 기준점은 필요하다고 생각합니다. 일단 독서는 성악설로 시작하는 게 좋습니다. 우리들은 대부분의 아이들이 책을 안 좋아한다는 가정에서 묘수를 찾아야 하니까요. 특히 남자 아이들이 책을 멀리하는 경향이 심합니다.

일단 제 경험을 들려드리지요. 3학년 딸과 5학년 아들을 기르는 집에서 있었던 일인데요. 그 집 딸아이는 어려서부터 책을 좋아해서 꾸준히 책을 읽어 왔던 케이스고, 아들은 무척이나 동적인 아이여서 이 세상에서 제일 좋은 게 축구였습니다. 움직이기를 좋아하는 아이다 보니 가만히 앉아서 하는 책 읽기는 별로 좋아하지 않았고요. 아이들 엄마가 더 늦기 전에 아들에게 책을 읽히려고 했는데 워낙 활동적인 아이라 잠시도 책에 집중하지 못하는 거였습니다. 그래서 그 엄마는 아이를 제게 보냈습니다. 저는 그 아이의 최대 관심사인 '축구'를 주제로 정해 책을 권하기 시작했습니다. 때마침 성곡미술관에서 '존 버닝햄, 앤서니 브라운과 함께 떠나요' 2005년 여름라는 행복한 그림책 여행 전시회를 하고 있어서 그 아이를 데리고 가 앤서니 브라운의 『축구 선수 윌리』(웅진씽크빅)라는 그림책을 권했지요. 그랬더니 "그림책을 내가 왜 보냐"면서 "시시하다"고 했는데 막상 펼쳐 보더니 그 자리에서 다 읽는 거 있죠. 그리고 다른 그림책도 모두 보고 왔습니다. 그리고 나서 이 아이를 데리고 서점에 갔습니다. 서점에 가서 『축구 생각』(김옥/창비)이라는 책을 사주었지요. 그 아이는 아주 재미있게 읽었습니다. 차츰차츰 페이지 수가 많고 두꺼운 책과 그림이 적은 책을 권했습니다. 물론 축구라는 주제는 변함이 없었고요. 그다음에는 축구와 연결된 다른 책들을 권했습니다. 예를 들면 『축구 제전에 모인 32개국 친구들』, 『우리는 지구촌 시민 : 축구로 배우는 국제 이해 교육』 같은 책은 축구를 통해 다른 나라의 사정에 대해서 배울 수 있는 책이었습니다. 그 아이는 축구에 이어 축구를 좋아하는 다른 나라들에 관심을 갖게 되었습니다. 스포츠로 시작해서 사회 과목으로 자연스럽게 아이의 관심을 유도한 것이지요. 그리고 그 아이 어머니께는 아이가 학년이 어린 여동생과 같은 책을 읽어도 자존심에 상처 주는 말을 하지 말도록 협조를 얻었습니다.

또 한 가지 사례를 들려드릴게요. 남자 아이들은 스포츠 아니면 게임을 좋아합니다. 게임을 좋아하는 남자 아이들과 수업을 해보면 공통적인 특징이 있어요. 수업 시간 내내 무표정에다 선생님이 묻는 질문에 "예, 아니오"로 무성의하게 대답하기 일쑤입니다. "당신이 나에 대해 뭘 알아"라고 속으로 말하는 듯하고요. 그래서 저는 그 아이에게 집에 있는 게임 잡지 몇 권을 보여 주었습니다. 그랬더니 아이 눈이 휘둥그레지면서 정신없이 읽는 거였어요. 저는 제가 권하는 다른 책을 읽어 오면 집에 와서 게임 잡지를 읽어도 좋다고 했습니다. 그래서 지금은 게임 잡지로 시작해서 조금씩 다른 분야의 책으로 관심사를 넓히는 중입니다. 일단 책 자체가 좋아지면 관심사를 넓히는 것은 어렵지 않습니다. 읽기 자체에 거부감을 느끼는 아이들에게는 별 수 없습니다. 최대한 맞추려고 노력해야 합니다. 눈높이라는 것은 이렇게 생각합니다. 아이에 대해서 조금씩 알아 가는 과정에서 맞출 수 있는 능력이 생기는 것이지요. 내 아이가 무엇에 관심이 있는지 그것부터 파악하시고 책을 권하는 게 좋습니다. 아니, 꼭 그러셔야만 할 겁니다.

13 아이들이 만화를 너무 좋아해요

남자 아이를 둔 집에는 흔히 책장에서 『메이플 스토리』를 구경할 수 있어요. 엄마들은 책을 안 보는 남자 아이들이 그 책이라도 읽는 걸 다행으로 여기거나, 그 책을 사주지 않으면 떼를 쓰기 때문에 울며 겨자 먹기로 사주기도 합니다. 이렇게 책의 선택권을 아이에게 주면 어김없이 만화책을 선택합니다. 사실 저는 아이에게 책 선택권을 거의 주지 않습니다. 처음부터 아이가 책을 선택하게 되면 고르는 책은 뻔하기 때문이죠. 더 이상 엄마가 책을 골라 주지 않아도 될 때는, 아이가 좋은 책을 보는 안목을 키웠을 때입니다.

만화를 너무 좋아해서 고민이라는 학부모들은, 전혀 책을 읽지 않는다는 고민을 갖고 사는 학부모님보다는 행복해 보입니다. 하지만 고민의 주제는 다를지언정 무게만큼은 비슷하다고 할 수 있습니다. 만화 때문에 책을 안 보고 성적도 떨어질 것 같아 걱정이 태산이지요. 하지만 저는 만화에 대해서 그렇게 부정적이지 않습니다. 좋은 학습 만화를 골라서 읽게 할 경우 웬만한 책 이상의 효과가 있습니다. 다만 게임 캐릭터 만화, 자극적인 폭력 만화, 비현실적인 SF 만화 등은 피해야 할 듯싶습니다.

사실 요즘 평균적인 아이들이 가장 많이 읽는 책은 만화입니다. 책이라면 오직 만화로만 보려고 하는 아이들도 적지 않습니다. 물론 만화책만 읽을 경우 어휘력과 사고력이 부족해진다는 단점이 있습니다. 고학년이 되어서도 만화책만 읽는다면 독해력이 떨어지기 쉽다는 문제점도 있습니다. 하지만 학습 만화의 장점도 크지요. 가장 큰 장점은 어려운 원리를 쉽게 설명하기 때문에 아이들이 관심 갖기 어려웠던 과학이나 역사에 대한 흥미와 배경 지식을 얻을 수 있다는 점입니다.

제가 좋아하는 만화들도 학습 만화들입니다. 다빈치에서 나온 『만화 서양미술사』(전5권)는 읽고 나면 아이와 미술관이나 전시회에서 그림 보기가 한결 수월해집니다. 내용도 충실해 어른이 읽을 미술사 입문서로도 손색이 없습니다. 논술 때문이라도 철학책을 읽혀야 한다고 걱정하시는 분들이라면 바로 철학 동화로 들어가기보다 철학 만화로 시작하는 게 좋습니다. 초등학교 고학년이라면 『만화 서양철학사』(전3권, 자음과모음)를 권합니다. 만화와 사진 자료를 적절히 섞어 아이들이 서양사와 사상사를 쉽게 배울 수 있도록 했습니다. 대부분 중학교 사회 시간이나 도덕 시간에 배우는 내용인지라 자연스럽게 선행독서의 의미도 있습니다.

역사 만화 중에서도 좋은 게 많습니다. 기계적으로 사건과 연도를 외우는 암기 과목처럼 역사를 대하면 지루하지만, 만화로 접할 경우 역사적 인물이나 사건에 대해 훨씬 친밀하게 느낄 수 있답니다. 6학년 1학기 사회 시간에는 고대사에서 현대사까지의 우리나라 역사가 소개되는데, 이때가 역사 만화를 권할 수 있는 절호의 시기입니다. 제가 몇 권의 책을 추천해 드린다면 『이이화 선생님이 들려주는 만화 한국사 이야기』(전7권, 삼성출판), 『어린이 살아 있는 한국사 교과서』(전5권, 휴머니스트)가 있습니다. 이 책들을 쭉 읽어 나가면 한국사의 큰 줄기에 대해서 눈을 뜨게 됩니다.

과학 학습 만화는 부모님들이 먼저 읽으셔야 합니다. 부모가 원리를 이해하고 있지 못하면 아이들의 물음에 대답하기 가장 어려운 과목이거든요. 이때 학습 만화는 부모를 위한 책이기도 하지요. 아이들과 『미래를 바꿀 놀라운 미래 과학』(전2권, 사회평론), 『만화 21세기 키워드』(전3권, 애니북스), 『과학은 흐른다』(전3권, 청년사)를 머리를 맞대고 같이 읽어 보세요. 과학은 학습 만화를 통해 재미있게 접근할 필요가 있습니다. 이해만 된다면 꼬리에 꼬리를 물고 궁금증을 유발함으로써 깨우치는 기쁨을 느끼게 해주는 과목이기 때문입니다.

14 아이들이 두꺼운 책은 안 읽으려고 해요

두꺼운 책 피하기는 아이들만의 문제가 아니에요. 성인들도 두꺼운 책은 싫어하지요. 요즘 들어 뜨고 있는 책들을 보면 자기 계발서라는 특징 외에 공통점이 있어요. 200쪽 분량에 글자체도 크고 삽화나 일러스트도 적잖게 사용되고 있습니다. 이처럼 성인도 200쪽 넘어가는 책은 읽기 부담스러운데 아이들에게 너무 두꺼운 책을 강요하는 것은 독서라는 이름의 폭력이라는 생각이 듭니다. 제가 보기에 3~4학년은 150쪽, 5~6학년의 경우 200쪽 내외의 책이 적당하다고 생각합니다. 앞서 말씀드렸듯 독서력이 뒷받침된다면 3학년도 200쪽 이상 읽어 낼 수 있고 반대의 경우에는 5학년이지만 100쪽 정도의 책도 부담스러울 수 있습니다. 두꺼운 책을 읽기 싫어하면 나이에 어울리지 않더라도 그림이 많은 책이나 얇은 책을 읽어야 하는 건 당연한 일입니다. 그때 면박을 주면 안 됩니다. 창피를 느끼면 아예 책 자체를 읽지 않게 되기 쉽습니다. 학부모께서는 책 두께에 연연하기보다 내 아이의 독서 단계를 파악하고 그에 맞는 책을 권해 주도록 노력해야겠지요.

욕심이 너무 앞서는 어떤 학부모는 초등학교 고학년에게 500쪽이 넘는 돈키호테 완역본이나 6권짜리 레미제라블 전집을 읽게 한다고 했는데, 뜻은 충분히 공감합니다만 현실적으로 학생들이 그것을 받아들일 수 있을지 의문이 듭니다. 초등학생들에게는 고전의 완역본을 읽게 하는 게 조금 무리가 아닐까 싶습니다. 우선 아이들은 딱딱한 고전의 문체에 질리는 경우가 많습니다. 시대나 당시 상황에 대한 배경 지식이 없는 상태라 몰입하기도 어렵지요.

그런데 제 경험에 비추어 보면 책의 두께가 문제가 아니라 재미가 문제인 것 같습니다. 유머가 담겨 있는 책들은 아이들이 쑥쑥 넘기는 경향이 있습니다. 로알드 달의 동화처럼 기지 넘치고 아이들에게 카타르시스를 느끼게 하는 작품이라면 300쪽이 넘더라도 독파하는 데 별 어려움이 없습니다. 『마틸다』, 『우리의 챔피언 대니』 같은 책은 앉은 자리에서 단번에 읽어 내더군요. 『꼬마 백만장자 팀 탈러』 같은 경우는 상하 두 권으로, 합하면 400쪽이 넘는데 뒷부분이 궁금하니까 아이가 끝까지 읽어 내더군요. 유머가 있는 책 그리고 결말이 궁금해지는 책은 두께 영향을 거의 안 받는다는 것을 확인했습니다. 내 자녀가 두꺼운 책을 피한다고 여기시는 분들은 유머가 넘치는 책이나 추리 소설처럼 뒷부분이 궁금해지는 책들을 권해 보세요. 틀림없이 효과가 있을 겁니다. 그래도 아이들이 얇은 책만 읽으려고 한다면 다음과 같은 방법을 사용해 보세요. 얇은 책은 아이의 손이 닿기 어려운 데 올려놓고, 관심을 가져 주길 바라는 서적들은 아이의 눈길이 자주 갈 만한 요소요소에 꽂아 놓는 겁니다. 두꺼운 책을 자주 보게 되면 아무래도 거부감이 줄어들겠지요.

15 책 고르기가 힘들어서요, 아예 전집물을 사고 싶은 충동을 느낍니다

전집류 전성시대가 다시 오는 것 같습니다. 전집류라는 이름 대신 시리즈물이라는 표현이 더 적절할 듯싶습니다. 전집이라면 이미 발간이 완료된 책을 뜻하지만 시리즈물은 완간이 없이 계속해서 신보가 추가되는 경우가 많기 때문입니다. 전집이 인기를 끄는 이유는 TV 홈쇼핑 덕분입니다. 보통 TV 홈쇼핑에서 전집류를 판매할 때 700질에서 800질 사이가 팔린다고 합니다. 엄청난 숫자지요. 20권 많게는 50권의 책이 한 번 방송으로 800질이 팔린다고 생각해 보세요. 적어도 초등독서 시장에서는 단행본을 구입하는 경우와 홈쇼핑을 통해서 전집을 구입하는 경우를 비교해 보면 그 차이가 미미하든지, 역전이 되었든지 할 겁니다. 그만큼 전집물이 강세를 보이는 추세입니다.

흔히 전집에 대해서 부정적인 생각을 갖고 있는 분들은, 전집으로 책을 구입했을 때 아이들이 전집을 다 안 읽을 것이라는 걱정을 하십니다. 꼭 그렇지만도 않은 것 같아요. 일단 자신이 호기심을 느낀 주제라면 아이들은 전집류를 끝까지 다 완독하는 끈기를 보여 줍니다. 저도 놀란 적이 있습니다. 유정이는 철학에 관심이 많아 자음과모음에서 나온 『철학자가 들려주는 철학 이야기』 시리즈의 열렬한 팬인데 10권 단위로 시리즈물을 구할 때마다 읽고 있던 다른 책을 접어 두고 그 책만 열심히 읽습니다. 반면에 엄마와 달리 유정이는 과학에 관심이 없어서 같은 출판사에서 나온 『과학자가 들려주는 과학 이야기』 시리즈는 전집을 구비해 놓았지만 한두 권 읽더니 나머지는 거들떠보지도 않더군요. 그 책들은 주로 제가 읽고 있습니다. 결국 전집류도 일장일단이 있는 셈입니다. 평소 관심 있어 하는 분야의 전집을 구비해 주면 아이들이 더 열심히 책을 읽겠지만 관심이 없는 주제의 책들을 억지로 강요하면 낱권을 구입할 때보다 오히려 더 적게 읽는다는 것이지요.

전집류가 갖는 강점은 책의 질적 수준이 어느 정도 보장된다는 점입니다. 일단 믿을 만한 출판사에서 나온 전집을 구비하면 부모가 책을 고르는 수고를 덜 수 있습니다. 물론 일부만 읽고 말 경우 돈이 아깝다는 생각을 하실 수 있는데 전집이든 뭐든 구입한 책은 반드시 읽어야 한다는 강박 관념을 버리는 게 좋습니다. 좋은 시리즈물을 서가에 죽 꽂아 두고 있으면 보기만 해도 흐뭇해지지 않나요? 시리즈 물 중에서 빠진 것을 구해 목록을 다 채워 놓을 때의 쾌감은 이루 말할 수 없던데요. 시리즈물의 장점은 아이의 독서 수준을 한 단계 업그레이드시킬 수 있다는 겁니다. 유정이만 하더라도 지금까지 나온 50권의 철학자 시리즈를 완독하고 나서 웬만한 철학자가 무엇을 주장하고 무엇을 고민했는지 정도는 훤히 알게 되더라고요. 그 분야 척척박사가 되는 것이지요. 전집을 떼고 나면 그때부터는 그 분야의 책 중에서 자기 연령대를 뛰어넘는 단행본들을 읽을 수 있습니다. 요즘 유정이는 아빠가 권하는 청소년을 위한 쉬운 철학책들을 읽게 되었습니다. 다만 전집류를 선호하다 보면 자기가 좋아하는 분야의 책들만 파고들 수 있으니 다른 분야의 단행본을 주기적으로 권해 그 연령별로 읽어야 할 양서들을 적어도 남들만큼은 읽을 수 있도록 하는 것이 가장 바람직한 독서 과정이라 봅니다.

전집이든 단행본이든 출판사를 제대로 고르는 게 아주 중요합니다. 일반적으로 엄마들은 옷이나 가전제품을 살 때 유명 브랜드를 선호합니다. 하지만 아이들 책을 고를 때야말로 브랜드가 중요하다고 생각합니다. 어린이 출판 시장의 규모가 커져 좋은 창작품이 많아진 건 긍정적이지만 부실한 번역, 엉성한 축약본 등 문제점도 있어요. 세계 명작을 아이들에게 읽게 하고 싶다면 큰 출판사에서 나온 책 중에서 김석희, 공경희, 김화영, 송병선, 햇살과 나무꾼 등 검증된 실력을 갖춘 전문 번역가의 완역본을 골라 주세요.

16 교과서는 어떻게 활용해야 하나요?

수능 출제 위원장이 늘 하는 말이 있습니다. "교과서를 위주로 공부하면 충분히 풀 수 있는 문제들로 출제했습니다." 학생들이 알아야 할 모든 지식은 교과서에 담겨 있다는 말일 겁니다. 실제 모든 공부의 바탕은 교과서일 수밖에 없습니다.

2장의 선행독서 파트에서 자세하게 언급하겠지만 독서의 출발 역시 교과서가 되어야 합니다. 왜 그럴까요? 선행 학습, 심화 학습, 보충 학습이 중요하다고 하지만 모두 교과서에 대한 기본 이해가 있어야 가능하기 때문입니다. 강남의 학부모들은 교과서 마니아들이라고 합니다. 초등학교 입학 전에 6년치 교과서를 모두 구입해서 미리 공부한다고 합니다. 교과서가 중요하다는 것을 정보력이 빠른 강남 엄마들이 놓칠 리가 없겠지요. 비단 강남 엄마들만의 이야기가 아닙니다. 예전에는 교육에 관심을 가지고 자신이 직접 아이를 가르치려는 엄마 수가 적었어요. 아이를 적게 낳고, 교육에 대한 관심이 높아지면서 강남 엄마뿐 아니라 모두가 극성스런 엄마가 되고 있습니다. 주요 서점에서는 학기 초에 교과서를 판매하는데 학부모들의 구입이 러시를 이룬다고 합니다.

여러분 자녀의 교과서를 보셨나요? 예전보다 종이 질도 좋아졌고 컬러 사진이 많이 들어갔고 여백을 많이 살려 읽기 수월해졌습니다. 교과서의 최대 강점은 체계적이라는 것이지요. 연령대별로 꼭 알아야 할 지식과 정보를 가장 효과적인 방법으로 전달하는 책입니다. 책을 읽기 어렵다면 사실 교과서를 반복해서 읽는 것도 도움이 됩니다. 학교에 가기 전 그다음 진도에 맞춰 학습 목표를 확인하고 교과서만이라도 정독을 하고 간다면 그게 바로 예습이 되는 겁니다. 하지만 교과서는 분량상 꼭 언급할 내용만 다루고 자세한 설명은 생략하는 경우가 많습니다. 쉽게 말하면 교과서에는 뼈대만 있으므로 개념과 원리를 이해하기 위해 관련 책을 읽어 살을 붙여야 한다는 말씀입니다. 바로 교과 연계 독서입니다. 학부모들도 가장 관심 있어 하는 분야가 바로 교과 연계 독서입니다. 교과서가 뼈대만 제공한다는 사실을 깨달은 엄마들은 독서에 대한 관심이 커졌습니다. 학습지와 문제지를 열심히 풀고, 학원을 다녀도 뭔가 부족한 게 느껴지기 때문입니다. 게다가 7차 교육 과정은 기본적으로 학습을 돕는 책을 읽지 않으면 따라가지 못하도록 구성되어 있습니다.

교과서를 제대로 읽어야 한다면 어떻게 읽어야 할까요? 첫 번째로 말씀드리고 싶은 것은 반복해서 보라는 것입니다. 교과서를 한 번만 읽고 말 게 아니라 여러 번 읽어야 한다는 이야기입니다. 교과서를 반복해서 읽으면 예습·복습이 저절로 됩니다. 눈으로 여러 번 읽으면 어느 부분이 중요한지, 핵심어가 무엇인지 찾기 쉽습니다. 일단 반복해서 읽는 교과서는 국어·사회 교과서가 좋습니다. 수식이나 도표가 아니라 문장으로 되어 있기 때문입니다. 그다음에 할 일은 요점을 정리하는 일입니다. 요약하기인데 나중에 통합 논술 공부할 때 아주 요긴한 작업입니다. 요약하기가 끝나면 문제 풀이로 확인하면 됩니다. 대부분 교과서 읽기 과정을 생략하고 바로 문제집 풀이에 들어가는 경우가 많은데 그러지 말자는 거지요. 그런 지식들은 단기 기억으로 끝날 확률이 높아요. 독서를 통해 습득한 지식만이 장기 기억에 보존됩니다. 교과서를 읽다 보면 어느 순간 교과서가 동화책처럼 느껴지는 순간이 있을 겁니다. 그때까지 반복해서 교과서를 읽도록 합시다. 어머니가 직접 솔선수범을 보이셔도 좋고요.

17 내 아이를 이과에 보내고 싶어요. 책보다 참고서나 문제집이 더 중요하지 않을까요?

예전에는 논술 시험을 문과생들만 치렀지요. 2008년부터는 이과생들에게도 논술 시험이 있습니다. 일단 이과생들을 위한 논술 시험은 문제 풀이 과정을 수와 식으로 설명해야 하니까 언어 감각에만 의존하는 문과형 글쓰기와는 다르다고 할 수 있습니다. 또 제시문들도 그림이나 도표, 수식 등이 주로 활용된다는 점에서 주로 글이 사용되는 언어 논술과 다르기는 합니다. 하지만 자연계 논술이라고 해서 100% 수식으로만 답안지를 채워야 하는 것도 아니고 언어 논술 같은 제시문들이 사용되지 않는 것도 아닙니다. 인문계 논술은 논설문에 가깝습니다. 어떤 주장을 제기하고 왜 주장이 정당한가를 논증하는 글이지요. 반면 자연계 논술은 해설문, 설명문의 형태에 가깝습니다. 우리가 관심을 가지는 현상을 어떻게 설명하고 예측할 것인가를 논의하는 글쓰기라고 할 수 있습니다. 제시문 출처도 그렇습니다. 실제로 각 대학 모의고사를 보면 교과서 바깥의 수학·과학 교양 도서에서도 지문이 출제되고 있습니다. 문과생보다 상대적으로 독서의 중요성이 적지만 그렇다고 해서 문제집 풀이가 독서나 글쓰기를 완전히 대체할 수 있는 것은 아닙니다.

  수학, 과학 모두 개념 이해를 바탕으로 하지요. 그리고 나서 수학은 공식을 외워야 하고 과학은 법칙을 외워야 합니다. 둘 다 이해가 선행되어야 암기 및 학습이 가능하다는 이야기지요. 이해를 위해서는 교과서를 열심히 읽는 방법이 필요하겠지요. 하지만 7차 교육 과정에서는 원리에 대한 이해의 상당 부분을, 교과서에서는 자세한 해설을 생략하고 관련 도서 읽는 것으로 대신하고 있습니다. 국어나 사회만큼은 아니더라도 수학과 과학에서도 교과 독서가 중요한 것이지요.

  일단 가장 좋은 방법은 독서를 통해 실생활에서 사례를 찾아보는 겁니다. 도형을 배우면 실생활에서 그와 비슷한 것들을 찾아보는 것이지요. 눈송이 속에서 같은 모양이 계속 반복되는 프랙탈을 찾아본다든지 하는 식으로요. 그다음에 독서가 이들 교과에서 힘을 발휘하는 것은 역사적으로 접근하는 방법입니다. 예를 들어 시간의 원리를 공부할 때 태엽 시계, 양초시계, 모래시계, 물시계 등 다양한 시계의 역사를 다룬 책을 읽어 보는 겁니다. 또 소수를 배우면 마라톤의 거리가 42.195km라는 것이 어떻게 해서 나온 건지 역사책을 통해 유래를 알아볼 수 있습니다. 수학이든 과학이든 실생활에서 어떻게 쓰이느냐를 파악하는 데에는 책 이상의 매체가 없습니다.

  과학 도서는 이렇게 활용할 수 있습니다. 과학사에 관한 책을 먼저 읽어서 뉴튼에 대해서 사전 지식이 있는 학생이라면 물체의 속력을 다룬 5학년 1학기 과학 수업이 즐거워질 겁니다. 집중도 잘 될 거고요. 과학사를 쉽게 쓴 책과 유명 과학자의 전기와 함께 과학 원리를 이야기처럼 들려주는 책들을 읽히시면 분명히 공부에 도움이 될 겁니다.

18 학교에서 하는 독서 퀴즈 대회나 독서 시험 등을 어떻게 대비하면 좋을까요?

독서도 어느 정도는 평가해야 한다는 주장에 저는 동의합니다. 논술이라는 제도적 장치가 책 읽기를 어느 정도 활성화했던 것처럼 독서 평가가 참고서와 문제집에 갇혀 있는 학생들에게 어느 정도 독서를 해야 할 필요성을 느끼게 해준다는 점은 부인하기 어렵습니다. 독서 평가를 준비하는 과정에서 아이들은 책도 읽고 독후 활동도 하게 됩니다. 각 학교에서 개별적으로 실시하고 있는 독서 평가를 독서 인증제로 발전시켜 성적에 반영시킨다면 억지로라도 책을 읽어야 하겠지요. 성적에 반영되기 때문에 열심히 할 때와 내가 재미있어서, 보람을 느끼기 위해서 할 때는 동기 부여 측면에서 차이가 있을 겁니다. 자기 주도 학습 능력을 갖춘 학생이라면 후자의 경우 동기 부여가 되겠지요. 그러나 현실적으로 대부분의 학생들은 전자의 경우가 책 읽는 동기 부여가 잘 되겠지요. 그런 측면에서 독서 평가는 필요하다는 생각입니다. 독서를 성적에 반영하는 정책은 당장 시행되기는 어렵지만 일단 초등학교 저학년 학부모님들은 미리 준비를 하시는 게 좋을 것 같습니다.

교내 독서 퀴즈는 다음과 같이 진행됩니다. 학교에서 학년 초에 각 학년 필독서 목록을 나눠 주고 학년 말에는 그중에서 3~5권 정도를 정해 독서 퀴즈 대회를 합니다. 많은 학교들은 우수 독후감을 선정 공개하고, 독서 퀴즈 대회 우수 학생들을 선발, 표창합니다. 독서 퀴즈 대회 상을 많이 탄 학생에게는 졸업할 때 독해력 부문 우수상을 주기도 해요. 우리 딸은 그 상을 받았습니다. 독서에 열의를 가진 선생님이 계신 학급에서는 '독서 골든벨' 같은 형식의 대회를 수시로 열어 아이들에게서 책에 대한 열의를 이끌어 내기도 합니다. 제 딸아이 초등학교 6학년 때는 '독서 퀴즈 대회'를 앞두고 담임 선생님이 『나의 라임 오렌지 나무』, 『백범일지』, 『너도 하늘말나리야』 등 세 권의 책에서 20문제씩 직접 문제를 뽑아 보라고 숙제를 내주셨어요. 그것도 좋은 방법인 것 같습니다. 인터넷에서 다운로드 받아 출력한 뒤 그대로 낸 학생들도 있지만 많은 아이들이 머리를 싸매고 문제를 출제했습니다. 물론 쉬운 일은 아니었지요. 아이들은 직접 문제를 만들어 봄으로써 많은 것을 배우더군요. 선생님은 아이들이 만든 문제에서 독서 퀴즈 대회 문제들을 고르셨습니다. 아이들은 자기가 출제한 문제가 나올 경우, 보람을 느끼면서 상당히 흐뭇해하더군요.

대비하는 방법을 알려 드릴게요. 학교마다 필독서 목록이 다를 테지만 대개 절반 정도는 어느 학교나 비슷합니다. 특히 독서 퀴즈 대회에 나오는 도서들은 나름 대표성을 갖춘 책들입니다. 부모님도 그 책들은 읽어 두시는 게 좋아요. 유정이가 6학년 때 했던 책들을 보면 아동 도서계의 슈퍼 스테디셀러라고 불릴 만한 책들이거든요. 이 정도 책들이라면 공부에 방해된다고 생각하지 마시고 책 읽는 자체가 공부의 일종이라고 생각하세요. 어머니가 자녀와 함께 직접 문제를 만들어 보셔도 좋고요. 문제를 같이 만들다 보면 제가 앞서 말씀드린 자녀와 눈높이를 맞출 수 있는 계기도 되고 자녀의 궁금증에 효과적으로 답할 수 있는 대화 능력을 키우는 기회도 될 수 있습니다. 엄마가 10개를 뽑고 아이가 10개를 뽑아 둘을 비교한다든지 엄마가 뽑은 문제를 아이가 풀어 보고 아이가 뽑은 문제를 엄마가 풀어 보는 방식으로 호흡을 맞추는 겁니다. 그러면 책 읽기가 더욱 즐거워지지 않을까요?

독서는 지극히 개인적인 행위이기는 하지만 학교 행사로 연결될 경우, 부모 자식 간에, 학생과 학교 사이에서 긍정적인 피드백이 형성된다고 할 수 있습니다.

19 앞으로 입시 제도가 바뀌면 독서의 중요성은 줄지 않을까요?

학부모들에게 가장 관심 있는 뉴스는 교육 뉴스겠지요. 그중에서 최대 이슈는 아마 3불일 겁니다. 3불이 무엇인지는 다 아시죠? 3불은 대학 입학에서 세 가지를 허용하지 않겠다는 참여 정부의 교육 정책을 말합니다. 바로 기여 입학제 불허, 본고사 불허, 고교 등급제 불허를 뜻하지요. 기여 입학제는 기부금을 내고 뒷문으로 대학에 입학하는 것입니다. 20억이면 명문 사립대에 입학할 수 있다는 소문이 무성한 만큼 기여 입학제가 우리 사회에 결코 존재하지 않는다고는 말할 수 없습니다. 하지만 우리 사회처럼 평등 의식이 강한 사회에서 기여 입학제를 공식적으로 허용하기는 어렵지 않을까요? 고교 등급제를 살펴볼까요? 수능 점수가 높은 학교들의 내신 1등급을 수능점수가 낮은 지역의 학교 내신 1등급과 차별 대우하겠다는 뜻입니다. 문제가 아주 심각하지요. 수능과 내신의 이중 차별이고 연좌제 성격이 강합니다. 선배들이 공부 못한 죄를 후배들이 뒤집어쓰는 셈이거든요. 3불 중에서 고교 등급제에 반대하는 여론은 찬성하는 여론보다 항상 높습니다. 학부모도 그렇고 학생도 그렇습니다. 쉽게 뒤집어질 것 같지 않습니다. 문제는 본고사입니다. 본고사는 찬성 여론이 반대 여론보다 늘 높게 나옵니다. 여론이 부활에 찬성인 한 변화할 가능성은 언제든 있습니다. 따라서 3불이 아니라 2불인 셈이지요. 제가 만나 본 학부모들도 대부분 비슷한 생각을 갖고 있었습니다. 언젠가는 본고사가 부활될 거라는 예측입니다.

본고사에 대해서 여론이 우호적인 배경에는, 지금처럼 죽음의 트라이앵글이니 하면서 학생들을 3년 내내 시험지옥으로 괴롭힐 바에야 본고사라는 단판 승부가 차라리 인도적이지 않겠느냐는 측은지심이 깔려 있습니다. 또 논술·수능·내신에 드는 사교육비를 본고사 하나로 수렴시킬 경우 경제적 부담도 줄어들 것이라는 기대도 있습니다. 지금의 대입시에서는 수능·내신 이중고인데 초등학생 때부터 비중이 큰 영어·수학에 올인하는 본고사가 부활하는 것이 오히려 덜 부담스럽다는 의견입니다.

하지만 예전 같은 국·영·수 중심의 본고사가 부활될 수 있을까요? 교육계에 종사하시는 분들은 불가능하다고 말씀하십니다. 국·영·수 필답 고사를 치러 학생들을 뽑기에는 이미 세상이 달라졌다는 것이지요. 그런 식의 시험은 더 이상 통하지 않는다는 겁니다. 아마 본고사가 부활되더라도 획일적으로 국·영·수 문제를 푸는 게 아니라 모집 단위별로 전공에 필요한 기초 지식을 일종의 서술형 평가 시험으로 치르는 방식이 될 가능성이 높습니다. 문제집만 풀고 외우는 방식으로 대비할 수 없다는 이야기지요. 그렇다면 지금 대학별고사와 별로 달라질 게 없습니다. 단지 특정 교과 지식을 직접적으로 물어보지 못하고 정답이 있는 문제를 출제하지 못한다는 제약이 있을 뿐이지 기존 교과 지식을 활용해야 한다는 점에서 현재 통합 교과 논술 시험은 본고사와 유사합니다. 경제학과를 가려면 사회 교과에 대한 지식을 바탕으로 경제에 관한 다양한 책을 읽어 그 방면에 탄탄한 배경 지식을 쌓아 둔 학생이 유리하겠지요. 제가 이 책에서 강조하는 교과 연계 선행독서가 더욱 힘을 발휘할 수 있습니다. 세상이 달라졌습니다. 정권을 누가 잡든 지식을 많이 아는 것보다는 활용하는 능력을 강조할 겁니다. 객관식 시험은 사고를 단순화하고 문제 해결 능력을 죽인다는 점에서 무용론이 우세한데다가 결정적으로 학교 시험이 서술형 평가 시험으로 대체되는 추세입니다. 예전에는 논술 때문에 아이들에게 독서를 시켰다면 지금은 다른 목적으로 독서를 시켜야 한다는 것이지요. 그전의 논술 시험은 주로 교과서 바깥에서 제시문이 나와 고전이나 철학 서적을 읽을 필요성이 강조되어 왔지만 지금의 대학별 고사는 교과서를 강조하고 있습니다. 그리고 각 교과 간의 지식들을 연결해서 활용할 수 있는 능력을 중시합니다. 거기에 맞춰 독서 전략을 짜면 되는 것이지요. 독서의 중요성은 쉽게 무너질 것 같지 않습니다.

20 논술 때문에 고민이 많아요. 어떤 책을 읽혀야 할까요?

이 질문을 많이 듣습니다. 많은 학부모들이 논술 때문에 책을 읽어야 한다고 생각하시는 것 같아요. 긍정적으로 볼 수도 있습니다. "논술 때문에 안 읽던 책을 읽는다면 나름의 교육적 의미는 있지 않겠는가?"라는 시각이지요. 하지만 저는 반대 의견입니다. 절대 논술을 위해서 따로 책을 읽히지 마세요. 자녀를 망치는 지름길입니다. 논술은 결과이지 목적이 아니기 때문입니다. 열심히 책을 읽고 그것을 표현하는 과정에서 논술을 잘 하게 되는 것이지 논술을 잘 하려고 그에 맞춰 독서 전략을 짜는 것은 어리석은 짓이라고 말씀드리고 싶습니다. 그 이유는 무엇이 논술에 도움이 되는 책인지 전문가들도 잘 모르고 있기 때문입니다. 정말 논술에 도움이 되는 책이 따로 있어서 그 책들만 읽으면 논술을 잘 할 수 있다고 한다면 왜 그 책들을 권하지 않겠습니까? 논술 시험이란 것은 해마다 성격이 바뀌는데 그에 맞춰서 초등 단계부터 독서를 한다는 게 무의미하지요. 다만 현재로서는 통합 교과 논술이 교과 지식을 바탕으로 과목과 과목 간의 연결 능력을 강조한다는 점에서 교과 연계 독서가 가장 유리한 전략입니다. 논술을 잘 하기 위해서 사고력 책, 논리력 책, 철학 동화, 고전 요약본들을 집중적으로 읽히면 어떤 결과를 빚을까요? 우선 아이들이 못 따라갑니다. 논술뿐 아니라 책 자체를 싫어할 가능성이 높습니다. 고등학생들조차 논리 못지않게 감성이 중요한데 초등학생에게 무리한 논리와 이성과 비판적 사고를 강조하다가는 역효과를 빚기 쉽습니다. 책따세의 허병두 대표님은 '나는 생각한다. 고로 존재한다' 만큼 '나는 느낀다. 고로 존재한다'가 중요하다고 하셨는데 저도 절대적으로 동의합니다. 아이들이 느끼는 과정 없이 사유를 먼저 배운다는 건 가능할 것 같지도 않고 그렇게 바람직하지도 않다는 생각입니다.

논술을 공부하려면 어려서부터 남들 안 읽는 어려운 책들을 읽어야 한다고 생각하시는 부모님들이 많습니다. 그런데 어려서 읽은 어려운 책은 독이 될 수도 있어요. 논술 시험으로 서울 대학에 합격한 학생들의 인터뷰를 보면 결국 쉬운 책이 논술 시험에서 요긴했다고 합니다. 서울대 2008학년도 논술 모의고사에서 일등을 한 학생의 인터뷰를 보면 고등학교에 진학해 논술이 대입에서 중요해지자 책 읽기에 더 많은 시간을 할애했다고 합니다. 『장자』, 『자본론』, 『공산당 선언』 등이었다고 하네요. 모두 논술에 도움이 된다고 생각해서 선택했지만 이해하기에는 내용이 워낙 난해한데다 대학 진학을 위한 '공부'라고 생각하니까 더 이상 재미가 느껴지지 않았다고 합니다. 슬럼프까지 찾아왔는데 쉬운 학습서를 접한 뒤 슬럼프를 벗어나 공부에 매진할 수 있었다고 하네요. 고등학생이면 고등학생에 맞는, 초등학생이면 초등학생에 맞는 책들이 있지요. 물론 자신의 독서 능력과 관심 분야도 중요하고요. 수준에 맞고 이왕이면 머리로 이해하는 책보다는 가슴에 와 닿는 책을 골라야 합니다. 논술을 공부와 따로 분리해 생각하지 말고 수업 시간에 더 집중할 수 있도록 도와주는 책, 수업 시간에 선생님 말씀을 이해하는 데 도움이 되는 책, 그런 책들을 골라 아이들에게 읽히세요. 그런 책들이 어떤 책들인지 궁금하시죠? 이제 2장에서 자세하게 말씀드리겠습니다.

Ch.2

2장 내 아이에게 이런 책을 권해 봅시다
교과서 안에서 교과서 밖으로

Ch.2

내 아이에게 이런 책을 권해 봅시다
교과서 안에서 교과서 밖으로

앞서 1장에서는 어떻게 하면 내 아이가 책을 좋아할 수 있을지에 대해서 20개의 Q&A 형식으로 들려드렸습니다. 그런데 제가 학부모로부터 가장 많이 받은 질문은 20개 중 하나가 아니라 '어떤 책을 읽혀야 하느냐'는 질문이었습니다. 그리고 좀 더 구체화된 '공부에 도움이 되는 책들은 어떤 게 있나요?'라는 물음이었고요. 이제 2장에서는 '책 먹는 하마의 행복한 책 읽기'라는 주제로 그동안 제가 읽은 책을 위주로 이 질문들에 대한 상세한 답변을 할 계획입니다. 먼저, 초등 단계에서는 교과 연계 선행독서가 해답이라고 자신 있게 말씀드릴 수 있습니다. 선행독서라는 말이 생소하지요? 선행학습과 뭐가 다르고 뭐가 비슷한지도 궁금하시고요. 저는 교과 연계 독서와 선행 학습의 장점을 수용한 읽기 전략이라고 정의를 내립니다. 이제부터 그 전략이 무엇인지 구체적으로 말씀드리겠습니다.

Part 1 선행독서란 무엇인가?

01 통합 교과 논술 시대가 열렸다

우리나라 대학생은 배우는 폭이 상당히 좁다고 봐요. 그건 물론 제도의 문제와도 관련되는 것인데, 무엇보다 문과·이과 학생들이 자신 있게 교차 수강할 수 있는 기반이 조성되면 좋겠습니다. 또한 그보다 먼저 고교 때 문과·이과로 반을 나누어 학생들의 잠재력을 저해하는 관행을 없애야 한다고 봅니다. 우리에게 그런 논리를 전수해 준 일본도 이미 수십 년 전부터 사용하지 않는 제도이고, 미국 같은 선진국에서는 아예 도입조차 하지 않은 제도인데, 왜 우리만 여태껏 고집하는지 모르겠어요. 지각 있는 교육학자 중에 지금의 문·이과 체제를 유지하자는 데 찬성하는 분은 10%도 채 되지 않을 겁니다. 영문과 학생들이 나노 과학 수업을 들어야 하고, 생물학과 학생들도 제임스 조이스의 문학 세계를 알아야 합니다.

— 『신동아』, 이화여대 최재천 교수 인터뷰 중에서

하도 많은 언론에 보도된지라 2008년부터 대학 입시가 많이 바뀐다는 사실은 누구나 알고 있을 겁니다. 그 핵심이 바로 '통합 교과 논술'이라는 것도 잘 아실 겁니다. 통합 교과 논술 시험이란 여러 분야의 지식을 동원해야만 풀 수 있는 논술 시험이에요. 한 편의 완성된 글을 쓰는 게 아니라 문항을 여러 개 주고 다양한 분량으로 나눠 쓰도록 하는 일종의 단문 논술 시험이지요. 지금처럼 한 주제에 대해 서론-본론-결론으로 연결된 긴 글을 요구하는 장문 논술 시험은 점차 사라질 전망입니다. 그동안의 장문 논술 시험은 통합 교과적이라기보다는 일종의 철학 시험에 가까웠거든요.

통합 교과 논술 시험을 잘 치르려면 무엇이 필요할까요? 여러 교과 지식이 필요하니 어느 한 과목 공부만 잘해서는 안 되겠지요. 무엇보다 다양한 교과에서 필요한 지식들을 끌어내 적절하게 문제에 적용할 수 있는 통합적 사고가 필요합니다. 통합적 사고를 키우려면 한 주제를 놓고 여러 분야에 걸친 다양한 독서, 즉 다독을 하는 것이 도움이 됩니다. 예를 들면 과학 시간에 화산에 대해서 배우면 화산의 지질학적 측면뿐 아니라 화산 폭발의 역사, 화산과 산에 사는 주민과의 관계 등에 관한 지식도 함께 공부해야 하는 것이지요. 즉 과학책뿐 아니라 역사책과 사회책도 함께 읽어야 대처가 가능하다는 이야기입니다. 다독만큼 배경 지식의 양과 깊이를 동시에 늘려 주는 방법은 없거든요.

독서가 중요해지는 이유는 또 있습니다. 수능이 자격시험화되면서 논술 시험만큼 내신 성적이 아주 중요해졌습니다. 내신도 지금처럼 학교 시험과 수행 평가만 반영되는 게 아니라 각 과목별 필독서를 얼마나 많이 읽고 독후 활동을 제대로 했는지가 평가의 주요 요소가 된답니다. 이것이 바로 '독서 이력철'이랍니다. 독서 이력철에 적응을 하려면 초등학교 때부터 자신이 읽은 책의 리스트를 만들어 책 내용을 정리하고 느낌을 기록해 두는 습관이 필요해요. 어려서 독서 습관을 제대로 쌓지 않으면 고등학교에 올라간다고 책 읽고 정리하는 습관이 새로 생기기는 어렵거든요.

그렇다면 어떻게 하는 것이 초등학교 때 제대로 된 독서 습관을 갖추는 일일까요? 책 읽기가 재미있어지는 맛있는 독서, 교과 연계 선행독서, 통합적 독서라는 3대 키워드를 잊지 않는 것이 중요하답니다. 초등학교 저학년 때에는 책이 TV나 만화 못지않게 재미있는 친구라는 사실을 느끼는 게 중요해요. 이때는 그림책처럼 쉽고 재미있는 책이 좋지요. 초등학교 중학년이 되면 교과 내용이 어려워지니까 교과서에서 배우는 내용과 관련된 책을 미리 읽어 수업 시간에 이해를 높이는 교과 연계 선행독서가 도움이 된답니다. 초등학교 고학년 때는 주제를 정하고 주제와 관련된 다양한 책 읽기를 시도하는 통합적 독서가 필요하답니다. 물론 교과 연계 선행독서는 고학년에서도 필요하답니다.

논술 시험을 출제하는 대학 측 이야기를 들어 보면 '교과서'의 중요성과 여러 영역의 지식을 '통합'하는 능력이 갈수록 중요해질 것 같습니다. 통합 교과 논술이 뜨고 있는 데에는 달라지는 세상도 한

몫하고 있습니다. 이제 더 이상 지식을 많이 갖고 있는 것만으로는 경쟁력을 갖추기 어렵습니다. 기존에 내가 알고 있는 지식을 현대 사회의 각종 문제에 적용해 해결책을 찾는 능력이 요구되는 것이지요. 그러기 위해서는 내가 알고 있는 범위 내에서만 사고하려는 습관을 버려야 합니다. 현대 사회의 문제들은 워낙 복잡하고 얼키설키 얽혀 있어서 자신의 전공만 고집해서는 풀 수 없습니다. 학문 간의 협력 시스템이 구축되어야 하는 것이지요.

그래서 문과와 이과의 통합이 요구되는 겁니다. 어떤 문제를 해결하기 위해 국어와 사회 과목에서 배운 문과적 지식에 수학과 과학 과목에서 배운 이과적 지식을 통합해서 문제의 원인을 다각도로 생각한 뒤 해결책을 제시하는 것이 바로 통합 교과 논술의 본령입니다. 결국 통합 교과 논술로 대학 입시가 변화한다는 것은 최재천 교수의 지적대로 문과와 이과의 구별이 사라질 가능성이 높다는 사실을 보여 줍니다. 하지만 당장은 힘들 겁니다. 고등학교에서는 통합 교과 논술이 상당히 부담스러울 수밖에 없어요. 왜냐하면 과목들이 나눠져 있고 선생님들이 과목별로 수업을 진행하시기 때문입니다. 하지만 초등학교에서는 진정한 통합 교과가 가능하답니다. 한 선생님이 여러 교과를 가르치시기 때문에 수업에 얼마든지 적용할 수 있고, 교과서 자체가 통합 교과적으로 구성되어 있습니다. 예를 들어 초등 2학년 때까지 배우는 '바른 생활'은 사회와 도덕 과목의 통합입니다. '슬기로운 생활'은 사회와 과학의 통합입니다. 3학년 때부터 사회과가 나눠지는데 지리, 역사, 경제, 법을 따로 배우는 게 아니라 시간-공간-인간이라는 범주로 묶은 뒤 각 범주의 하위 항목으로 해당 과목의 지식을 공부합니다. 이미 초등 단계에서는 통합 교과적인 수업이 진행되고 있다는 것이지요. 실제 초등학생들이 푸는 서술형 평가 시험 문제를 보면 지금 현재 대학에서 치르는 통합 교과 논술 시험과 아주 유사하다는 것을 느낄 수 있습니다. 다음 자료를 보시면 그 둘의 유사성을 한눈에 파악할 수 있습니다. 5학년 2학기 사회 서술형 평가 문항과 2005년도 성균관대 수시 2학기 논술 고사 문제입니다.

[자료] 통합 논술과 비슷한 유형의 초등학교 학업 성취도 평가 예시 문항

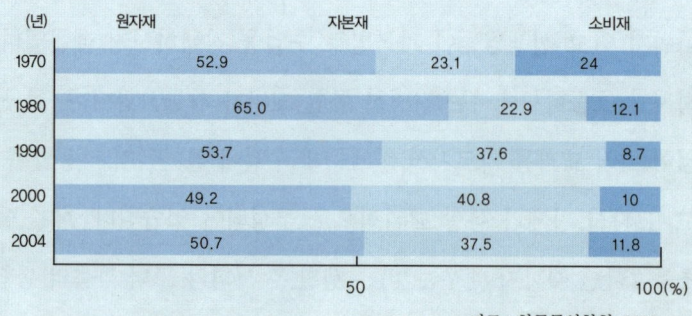

【5-2학기 사회 학업 성취도 평가 예시 문항】

※ 다음 그래프를 보고 물음에 답하시오. (1~2)

〈우리나라 수입 상품의 변화〉

(년)	원자재	자본재	소비재
1970	52.9	23.1	24
1980	65.0	22.9	12.1
1990	53.7	37.6	8.7
2000	49.2	40.8	10
2004	50.7	37.5	11.8

자료 : 한국무역협회, 2005

1. 우리나라 수입 상품에서 가장 낮은 비율을 차지하는 것은 무엇인지 찾고, 그 예를 2가지 이상 쓰시오. (보충형)
   - 가장 낮은 비율의 상품:
   - 상품의 예:

2. 1980년과 2000년의 수입 상품은 어떻게 변하였는지 비교하여 쓰시오. (기본형)

3. 위의 그래프를 통해 알 수 있는 우리나라 무역의 문제점은 무엇인지 쓰시오. (기본형)

【2005년 성균관대 수시 2학기(인문)】
3. 아래(표 1~3)는 최근 한국 사회의 변화를 보여 주는 표들이다. 교황청의 주장과 시몬느 드 보봐르의 주장 가운데 하나를 선택해서 표들이 시사하는 바의 내용을 해석하시오.

〈표 1〉은 통계청이 발표한 자료로서, 우리나라 남녀의 1970, 1980, 1990, 2000년 4개 년도 연령별 미혼율을 나타내고 있다.

단위 : %

성별 연령	1970	1980	1990	2000
여자 20~24세	57	66	81	89
25~29세	10	14	22	40
30~34세	1	3	5	11
남자 20~24세	93	93	96	98
25~29세	43	45	57	71
30~34세	6	7	14	28
35~39세	1	2	4	11

자료 : 통계청, 각 연도

〈표 2〉는 한국보건사회연구원이 2003년에 발표한 자료로서, 우리나라 미혼 남녀의 '결혼에 대한 태도'를 보여 주고 있다.

단위 : %

성별	하지 않는 편이 좋음	해도 좋고 하지 않아도 좋음	하는 편이 좋음	반드시 해야함	생각해 보지 않았음/ 모르겠음	계
남자	3.1	16.3	49.4	28.7	2.5	100.0
여자	3.6	37.9	45.8	11.1	1.6	100.0

자료 : 통계청, 각 연도

〈표 3〉은 통계청이 발표한 자료로서, 우리나라 여성의 1985, 1995, 2000년 3개 연도에 걸친 연령별 취업률의 변화 추이를 보여 주고 있다.

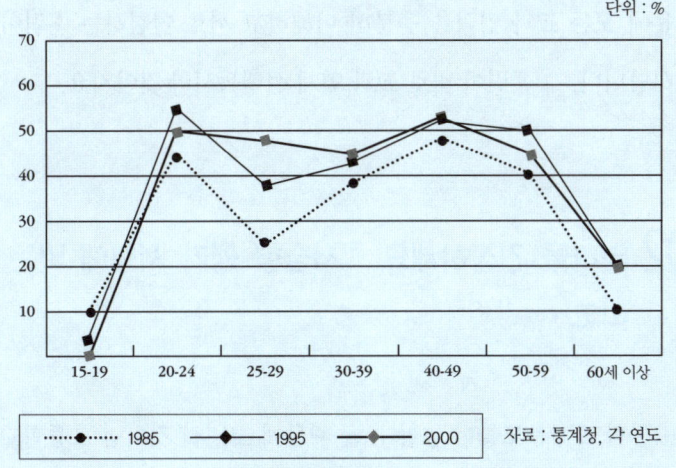

4. 위 표(표 1~3)가 시사하는 문제점들을 지적하고, 그 문제점들을 해결하기 위한 방법을 제시하시오.

어떠세요? 초등학교 때부터 서술형 평가 시험에 적응한 학생이라면 나중에 고등학교에 올라가서 이런 논술 문제를 접할 때 상당한 자신감을 표현하지 않을까요?

언뜻 보기에는 사회과 문제 같지만 통계를 해석할 수 있는 수학 지식도 필요하답니다. 한 가지 문제를 푸는 데 여러 교과 과정의 개념들을 한꺼번에 활용하는 문제가 바로 통합 교과 논술입니다. 앞에서 말씀드렸지만 수학 문제라고 할지라도 단순 계산식이 아니라 개념을 묻는 문제나 실생활의 사례에 대한 적용을 묻는 문제가 출제될 것이기 때문에 모든 교과 영역을 충분히 이해하고 서로 연결하는 훈련이 필요하답니다. 그 훈련이 바로 교과 연계 선행독서인 것이지요.

02 엄마들 긴장하세요. "서술형 평가 시험에 비는 내리고……"

고등학교 학부모들이 통합 논술 때문에 고민인 것처럼 초등학교 학부모님들에게는 서술형 평가 시험이 발등의 불입니다. 거기다 통합 논술까지 고려해야 한다면 정말 이민을 가고 싶은 생각이 들지 모릅니다. 이렇게 생각하시면 마음이 조금은 편해집니다. 서술형 평가 시험을 대비하는 것이 바로 통합 논술의 기초 체력을 쌓는 것이랍니다.

아마 서울에 거주하시는 분들 말고 다른 지역에 사시는 독자 분들은 서술형 평가 시험의 중요도에 대해서 감이 오지 않을 겁니다. 설명을 드릴게요. 서울시 교육청은 지난 2005년부터 학력 평가를 부활했어요. 그러면서 시험 문제를 객관식이 아니라 서술형·논술형 평가 시험으로 대체하도록 일선 학교에 지시했습니다. 저희 딸이 다니던 학교에서는 1년에 두 번 시험을 치렀는데 강남 지역의 학교에서는 중·고등학교처럼 학기에 두 번, 총 4번의 시험을 치렀다고 하더군요. 시험을 본 뒤 단계형 통지표매우 잘함, 잘함, 보통, 노력 요함가 집으로 배달됩니다. 예전의 '수-우-미-양-가'에서 '가'가 빠졌다고 생각하시면 될 겁니다. 이런 방식의 학력 평가에 대한 반발도 심했어요. 특히 전교조에서 반대가 심했답니다. 아이들이 초등학교 때부터 성적 때문에 사교육에 매달려야 할 것이라는 이유를 들었지요. 전교조는 일제 고사 유형인 초등학생 학업 성취도 평가를 실시함으로써 학생 간 서열화를 조장해 사교육 시장을 키웠다고 비판하지만, 많은 학부모들은 찬성했던 것으로 기억합니다. 내 아이 공부를 학교에서 시키겠다는 누가 반대하겠습니까? 언론들은 전반적으로 학력 저하 현상이 심해졌다면서 서울시 교육청의 결정을 환영했지요. 서울시 교육청은 여론의 등을 업고 서술형 평가 시험을 강행했습니다. 서술형 평가 시험은 논술의 중요성이 강조되는 시대 분위기와 맞물려 대부분의 학교에서 안착했고, 서울시 교육청의 케이스를 따라 경기도 교육청도 2007년 안, 부산시 교육청은 2008년부터 실시하기로 확정했습니다. 부산시 교육청의 경우 전체 문항의 20~30%, 초등학교의 경우 3학년에서 6학년까지 모든 교과의 단원 평가 문항6,400문항을 개발해 보급, 각 학교에서 이를 활용해 담임교사들이 학업 성취도를 평가하도록 할 예정이라고 합니다.

    2009년부터 새 교육 과정8차이 시행되면 다른 교육청들도 서술형 평가 시험을 도입할 것으로 보입니다. 새 교육 과정은 현재 국가 수준에서만 해온 학업 성취도 평가를 각 시·도 교육감도 할 수 있도록 허용했기 때문이지요. 이에 따라 일제 고사나 모의고사가 제도적 근거를 갖게 되면서 초등 단계부터 전면 확대될 가능성이 높아졌습니다. 이러고 보니 초등학교 때부터 성적에 신경 쓰지 않을 수 없겠지요. 갈수록 경쟁이 치열해지고 양극화 현상이 심해지면서 초등학교 때부터 아이들을 공부 전사로 키우는 일을 피할 수 없을 것 같아요. 이럴 경우 어떻게 대응해야 할까요? CF의 문구였던가요? "피할 수 없으면 즐겨라." 제 체험을 들려드리지요.

딸아이 6학년 때 학력 평가에서 서술형 평가 문항이 30% 정도를 차지했어요. 1학기 때 학력 평가 후 시험지 앞면의 오지선다형 문제는 웬만큼 맞추었어요. 하지만 제 딸뿐 아니라 다른 아이들도 뒷면의 단순형주관식과 서술형 문제에 빨간색 빗금을 쫙쫙 쳐져 오자 주위 엄마들이 기겁을 했지요. 그리고 전 과목을 가르치는 종합반에 보내더군요. 아이들은 제대로 된 문장을 한 줄 쓰는데도 어려움을 느끼는데 문제가 요구하는 개념이나 원리를 정확히 파악하고 완성된 글로 쓰기란 쉽지 않을 겁니다. 유정이는 아빠와 논술 공부를 어느 정도 했는데도 서술형 평가 시험에 약점을 드러낸 것이지요. 그래서 저는 그때부터 유정이의 서술형 평가 시험 준비를 도왔습니다. 제가 딸아이에게 쓰는 방법은 교과서에서 꼭 알고 기억해야 할 부분을 찾아 이렇게 말하는 것이었어요. "엄마에게 설명 좀 해줄래?"

예를 들어 5학년 1학기 과학 시간에 배우는 관성의 법칙의 경우,

아이가 그 부분을 이해했다면 당연히 제대로 설명할 수 있어야 하는데 유정이는 흐지부지 말꼬리를 돌리는 거였습니다. 그래서 저는 가장 흔한 예를 들라고 했습니다. 그랬더니 유정이가 버스가 갑자기 멈춰 섰을 때 사람이 앞으로 쏠리는 것을 들더군요. 누구나 들 수 있는 사례지만 일단 잘했다고 칭찬해 주었습니다. 상황을 그대로 연출해 볼게요.

엄마: 유정아, 달리고 있는 버스는 뭐지?

딸: 움직이는 물체지.

엄마: 버스가 갑자기 멈췄을 때 서 있던 사람들의 몸이 앞으로 쏠리는 것은 버스가 진행하는 방향과 무슨 상관이 있을까?

딸: 버스가 앞으로 가고 있었고 사람들 몸도 같은 방향으로 움직였다?

엄마: 앞은 결국 버스의 운동 방향이라고 할 수 있겠지? 셋을 합쳐 볼래?

딸: 움직이는 물체는 정지했을 때 운동 방향으로 계속 움직이고 싶어 한다, 그게 관성의 법칙이구나!

엄마: 꼭 정지했을 때뿐 아니라 일반적으로 모든 상황에 그렇게 작용한단다. 그러므로 정지했던 버스가 갑자기 급출발하면 네 몸은 어느 쪽으로 쏠리겠니?

딸: 당연히 뒤쪽이지!

이처럼 서술형 평가 시험은 문제지를 풀고 오답을 외우는 방식으로 공부하는 것이 아니라 스스로 아는 것을 설명해 보다가 막히거나 부정확하면 다시 교과서나 책을 찾아봐야 하는 겁니다. 공부 패턴 자체가 다르지요. 그런데 사실 이 방법이 아이들에게도 유리합니다. 아이들 자신도 설명하면서 생각이 정리되기 때문에 글을 쓰기가 수월해진다고 합니다. 그리고 기억도 더 오래가고요. 서술형 평가 시험의 시도는 우리나라 교육계의 큰 변화를 예고하고 있습니다. 암기 위주의 찍기 교육이 드디어 종말을 고할 때가 된 것이지요. 이런 시대의 추세 때문에 정권의 교체와 상관없이 교육 정책의 방향을 어느 정도 예상할 수 있는 겁니다. 그렇다면 이런 궁금증이 생길 겁니다. '서술형 평가 시험을 대비하는 데 독서가 무슨 도움을 줄 수 있을까?' 이제부터 그 의문을 풀어 드리겠습니다.

03 초등독서에서는 교과 연계 선행독서가 답이다

초등학교 학력 평가에서 서술형 시험 비중이 높아지면서 초등학교 때부터 독서를 열심히 해야 한다고 말씀드렸지요. 서술형 평가에서는 교과서 학습이 아주 중요합니다. 학습 목표를 중심으로 중요한 개념과 핵심 원리를 꼼꼼히 공부한 학생이 문제 풀이 위주로 공부한 학생보다 성적이 좋다는 것은 충분히 설명했습니다. 서술형 평가 시험은 쓰기 능력도 중요하지만 읽기 능력도 중요합니다. 문제가 길게 나오고 문제 외에 긴 제시문을 주는 경우가 많기 때문에 글을 읽고 이해하는 능력이 필수랍니다. 그래서 평소 독서를 많이 한 친구들이 유리합니다. 그러면 구체적으로 어떤 책을 읽어야 할까요? 국어 과목이 아주 중요합니다. 국어 교과서 읽기는 그 자체가 독해 훈련이 됩니다. 많은 작품들이 실려 있기 때문에 교과서에 실린 작품의 전문을 읽어 보는 것으로도 충분합니다. 그래서 파트 2에서 국어과 독서는 사회과나 과학과에 비해 자세하게 다루지 않았습니다. 그러면 사회과와 과학과는 어떤 독서 전략을 취하면 좋을까요? 사회·과학 영역은 3학년부터 사회와 과학으로 나뉘면서 본격적으로 분화됩니다. 그전까지는 '바른 생활'과 '슬기로운 생활'로 묶여 다루는 내용도 구별되지 않았습니다. 그러나 3학년부터는 이름만 바뀌는 게 아니라 내용도 어려워집니다. 그림책과 동화책 위주로 쉬운 독서를 지향했던 이전 시기와 달리 학습 독서의 필요성이 그만큼 높아지는 것이지요. 사회나 과학은 어느 정도 배경 지식이 있어야 교과서 내용도 이해할 수 있기 때문에 각 단원에 관련된 학습 도서나 참고 도서를 통해 배경 지식을 체계적으로 넓혀야 합니다.

그 해법은 바로 선행독서에 있습니다. 선행독서가 무엇인지 궁금하시지요? 일종의 예습인데, 그 예습을 교과 관련 도서로 하자는 주장입니다. 예습의 중요성은 다들 알고 계시겠지요? 공부 잘하는 학생들의 공통점은 복습보다 예습에 더 충실하다는 겁니다. 그날의 첫 수업은 무엇이고, 무엇을 배우고, 무엇이 어렵고, 무엇이 쉬운지를 미리 알고 수업을 듣는 아이와, 수업 시간에 교과서를 펼치고 나서야 내가 무엇을 배우는지 확인하는 아이가 학습에 대한 이해도와 성취도에서 같을 수 있을까요? 예습은 싫은 과목이나 어려운 과목에 대해 친근감을 가질 수 있게 해줍니다. 수업의 흐름을 대강 예상할 수 있기 때문에 수업 내용에 대한 이해도 빠르게 해주지요.

예습을 하는 데 책 읽기만 필요한 게 아니지 않느냐는 주장을 하실 수 있습니다. 물론 인터넷에서 미리 학습과 관련된 자료를 조사할 수도 있고, 교과서에서 배운 내용을 자기 경험과 연결하는 시도도 가능하겠지요. 그렇지만 요점만 정리된 인터넷상의 글을 읽는 것과 풍부한 사례와 비유, 자세한 설명이 되어 있는 책을 읽는 것 중 어떤 것이 아이가 학습 내용을 이해하는 데 도움을 줄 수 있을까요? 아이들이 스스로의 경험을 떠올려 학습에 반영해야 한다지만 수업 시간에 배울 내용을 아이들의 직접 경험에서 확보한다는 게 현실적으로 쉽지 않습니다. 예를 들어 지역에 따른 우리 가옥의 특성에 대해 배우기 전이라면 직접 북창동 한옥마을 투어를 가본다든지, 갯벌에 대해서 공부할 때면 서해안 갯벌을 직접 가보는 방식으로 배울 것을 미리 눈으로 확인할 수 있겠지만 태양계의 행성이나 우리 몸속처럼 직접 경험을 해볼 수 없는 경우에는 책으로 지식을 얻을 수밖에 없겠지요. 어릴수록 간접 경험에 의존해야 할 일이 많아집니다. 책 읽기만큼 간접 경험을 풍부하게 얻을 수 있는 것이 또 있을까요?

선행독서가 선행 학습과도 비슷하지 않느냐는 의문도 드실 겁니다. 하지만 양자에는 큰 차이가 있습니다. 선행 학습은 6개월은 기본이고 심지어 1년이나 최대 3년까지 진도를 미리 나가는 것을 말합니다. 말 그대로 배울 단원을 앞질러 공부하는 것이지요. 그런데 부작용이 심각하다고 하는군요. 우선 시간차 문제입니다. 너무 오래전에 예습을 할 경우, 망각의 커브 곡선 때문에 예습의 효과가 줄어들 수밖에 없습니다. 대개 선행 학습은 개념이나 원리 이해보다는 어려운 문제를 집중적으로 푸는 방식으로 진행되는데 풀다 보면 오히려 앞의 내용을 잊어버려서 쉬운 문제를 못 풀게 되는 경우가 많다고 합니다. 그래서 선행 학습이 위험한 겁니다. 개념 이해가 제대로 되지 않은 상태에서 문제만 풀어서 정답을 맞히는 방식의 선행 학습은 실제 수업 시간에 전혀 힘을 발휘하지 못한다고 합니다. 아이들이 '다 아는 내용인데' 하면서 수업 시간에 집중을 하지 않는다는 것이지요. 강도와 시기가 적당한 정도의 예습이 필요한데 그것이 바로 선행독서가 될 수 있습니다.

선행독서는 자기가 배울 단원의 핵심 개념이나 원리를 다루는 책을 2주나 한 달 전에 미리 읽어서 배경 지식 틀을 형성해 놓고 수업을 듣도록 유도하는 방법입니다. '아는 만큼 보인다'고 배경 지식이 수업에 대한 참여도를 높이는 역할을 하는 것은 당연한 이치지요. 자기가 책에서 읽은 내용이 수업의 주제로 등장하면 아이들이 관심을 갖지 않겠어요? 관심이 있다면 집중하게 될 것이고, 집중하면 학습 효과가 높아지겠지요. 자신과 아무 관계가 없는 것을 공부한다면 아이들이 지겨워할 수밖에 없습니다. '책에서 보았다, 읽은 기억이 난다'는 정도로만 선행 학습을 시키면 그것으로 충분합니다. 3장에서 독후 활동을 소개해 드리겠지만 워낙 학부모들이 관심이 있어서 정리를 해드리는 것이고 선행독서는 따로 독후 활동이 필요하지 않습니다. 교과서 주요 개념을 이해하는 정도로 만족하면 됩니다. 정 기억해 두실 것이 있다면 마인드맵으로 자기가 읽은 책의 개념을 간단하게 정리하는 정도면 충분합니다.

 아이들이 선행독서를 열심히 하면 스스로 공부하는 습관이 길러집니다. 책을 통한 예습이 습관화되면 공부뿐 아니라 뭐든지 미리미리 준비하는 아이가 됩니다. 예습에 익숙해질 경우, 자신감과 여유를 갖기도 쉽습니다. 당연히 선생님은 아이가 수업 시간에 집중하는 모습을 보실 거고, 칭찬받을 일도 많겠지요. 그러다 보면 긍정적 선순환 효과가 생기면서 더 열심히 책을 읽게 될 겁니다. 이런 학생들을 가리켜 자기 주도 학습 능력을 갖춘 아이라고 하지요.

 논술에도 도움이 됩니다. 논술에서 선행 학습이 필요하다면 독서가 전부일 겁니다. 예전처럼 철학 서적이나 고전에서 제시문이 나오는 것이 아니라 다양한 과목의 교과서에서 제시문들이 나오기 때문에 초등학교 때부터 교과 관련 도서들을 많이 읽어 두면 일찌감치 통합 논술에 준비하는 결과가 되겠지요. 수능 성적 전국 0.001%에 들어가는 학생들에 대해 쓴 『공부의 신』이란 책을 보면 초등학교 때 지식을 쌓기 위한 독서를 집중적으로 해둔 것이 논술 성적에 가장 큰 영향을 미쳤다고 말합니다. 초등학교 때 읽은 책이 대입까지 영향을 미친다는 것이지요.

그러면 선행독서를 어떻게 하면 좋을까요? '원인과 결과를 파악하면서 읽기'가 학습 목표인 단원을 공부하기 전에는 이야기 구조를 갖춘 책을 읽으면서 원인과 결과를 나눠 보는 겁니다. 미리 서술형·논술형 시험 문제를 만들어 보는 것도 도움이 됩니다. 예를 들어 3학년 1학기 사회 시간에 시장에 관해 배울 때에는 미리 『로빈슨 크루소』를 읽고 내가 로빈슨처럼 무인도에서 홀로 살 경우 꼭 필요한 물건이 무엇인지 써보고 그 근거를 대는 것이지요. 과학 도서의 경우, 3학년은 날씨와 물, 4학년은 별자리와 갯벌 등 수업 시간에 배울 내용을 쉬운 이야기체로 풀어낸 책들을 미리 읽어 두면 많은 도움이 됩니다. 그때 적어도 두 권 이상은 읽어야 합니다. 책 선정이 중요한데 한 주제에 대한 책은 쉬운 책에서 다소 어려운 책까지 층차를 두는 게 좋습니다. 기본-심화 등 2~3단계3단계일 경우에는 한 학년 정도 위의 난이도가 되겠지요에 맞는 책을 읽는 게 좋습니다. 어떤 책을 어떻게 활용해야 하는지는 파트 2에서 자세히 다루겠습니다.

Part 2 학년별 교과 연계 선행독서 사례

 이제 시작할 파트 2의 핵심은 3학년 1학기부터 6학년 2학기까지 학기별로 사회과와 과학과의 주요 개념들을 뽑아내고 그중에서 아이들이 어려워하는 부분을 골라낸 뒤 책을 통해서 어떻게 쉽게 접근할 수 있는지에 대해 알아보는 것입니다.
 사회과 8권, 과학과 8권 총 16권의 도서를 분석하였습니다. 먼저 모든 도서가 국어과와 관련된 도서이기 때문에 국어과는 학년별 접근을 하지 않고 교과서에 소개된 책들과 관련 도서를 어떻게 읽는 것이 좋은지 개괄적으로 설명하였습니다. 대상은 순수하게 국어과로 볼 수 있는 위인전과 시집으로 한정했습니다. 그리고 『열하일기』를 사례로 고전과 고전 읽기에 대해 제 나름의 철학을 제 딸과 함께 나눈 대화를 통해 전달하였습니다. 수학은 개념 이해를 위해 교과 연계 독서를 해야 하지만 근본적으로는 문제집 풀이가 중요하다는 점에서, 미술과 음악 등의 예술 과목은 평가하는 시험이 따로 없는데다 실기가 중요하다는 점에서 생략했습니다. 도덕과 실과는 결국 사회과와 과학과로 포함된다고 보고 역시 별도로 다루지 않았습니다.
 국어-사회-과학 순으로 전개되는데 이번 장에서 분석된 책들은 제가 개인적으로 아주 재미있게 읽은 책들입니다. 실제 아이들을 지도하면서 아이들의 개념 이해를 돕고 흥미를 키울 수 있었던 검증받은 책들입니다. 순서는, 도입부에서 학년별로 교육 과정을 분석하고 그 분석이 끝나면 해당 책 줄거리 소개와 교과 연계라는 관점에서 책을 이용하는 방법, 그리고 그 책과 함께 읽으면 도움이 되는 추천 도서 리스트를 3단계로 분류하였습니다. 때에 따라 그 책 내용과 유사한 실제 서술형 평가 문항을 직접 제시하기도 했습니다. 제가 소개하는 책들을 구입하셔서 부모님이 읽고 자녀의 물음에 답해 주실 수 있으면 가장 이상적이겠지요. 그런 분들은 따로 사교육이 필요하지 않은 분들입니다. 그렇게까지 되지 않더라도 '우리 아이들이 이런 내용을 배우는구나', '이런 대목에서 예습이 필요하겠구나' 정도의 정보만 얻으셔도 엄청난 도움을 받으실 수 있을 겁니다.

01 국어과 교과서에 소개된 관련 도서 읽기
: 위인전과 시 그리고 고전 읽기

대입 논술과 서술형·논술형 시험의 영향으로 국어가 더욱 중요해졌습니다. 둘 다 자신의 생각을 글로 써야 하기 때문이죠. 국어과는 읽기만으로는 부족합니다. 글을 읽고 내용을 잘 파악하는 것은 기본이고 내용을 요약하고 거기에 자신의 생각까지 덧붙여 정리해야 합니다. 그게 바로 논술과 서술형 평가 시험 대비가 되는 것입니다. 지금 여러분께 보여 드릴 표는 3학년부터 6학년까지 국어과 학습 목표랍니다. 시작은 부분보다는 전체에 대한 조망으로 잡으시는 게 좋습니다. '우리 아이가 초등학교 때 이런 과정을 배우는구나'라는 정도로 가볍게 읽어 보세요. 이 자료는 해당 학년의 수준과 범위를 담고 있습니다.

[자료] 학년별 국어과 교과 수준

3학년

㉠ 읽기

- 대상을 자세하게 설명한 글
- 물건의 사용 절차와 방법에 대해 쉬운 낱말과 문장으로 표현한 설명서
- 글쓴이의 생각과 느낌이 분명하게 드러나는 독서 감상문
- 인물의 성격이 잘 표현된 만화나 애니메이션

㉡ 쓰기

- 일의 절차, 방법 등을 설명하는 글
- 생활 경험을 바탕으로 하여 자신의 의견을 제시하는 글
- 주위 사람에게 감사하는 마음을 전하는 글

- 생각과 느낌을 표현하는 감상문
ⓒ 문법
- 국어사전
- 동음이의어와 다의어가 들어 있는 언어 자료
- 평서문, 의문문, 청유문, 명령문, 감탄문 등 여러 종류의 문장
ⓔ 문학
- 운율, 이미지 등이 잘 드러나는 시, 노래
- 뛰어난 인물이 등장하는 이야기나 글
- 친숙한 세계 또는 상상적인 세계를 배경으로 하는 작품

4학년
㉠ 읽기
- 국어사전, 백과사전 등 다양한 사전
- 어휘 선택이 적절한 글과 어휘 선택이 어색한 글
- 인물, 대상, 상황 등에 대한 의견을 제시한 글
- 여정과 감상이 잘 나타난 기행문
㉡ 쓰기
- 사건이나 행동의 변화를 중심으로 이야기의 내용을 요약하는 글
- 생활 경험을 바탕으로 하여 읽는 이에게 제안하는 글

- 비교적 가까운 사람과 소식을 주고받는 글

- 인상 깊었던 일을 글과 그림으로 표현한 그림책

ⓒ 문법

- 표준어와 방언이 들어 있는 언어 자료

- 국어 높임법이 들어 있는 언어 자료

- 문장의 형식을 보여 주는 언어 자료

ⓔ 문학

- 운율, 이미지 등이 잘 드러나는 시, 노래

- 영웅이나 위인이 등장하는 이야기나 글

- 친숙한 세계 또는 상상적인 세계를 배경으로 하는 작품

5학년

ⓐ 읽기

- 사건의 전개 과정과 인과 관계가 분명하게 드러나는 서사문, 역사서

- 신문, 텔레비전, 라디오, 인터넷 등에 나오는 광고

- 책에 대한 정보와 평가가 담긴 글

- 가치관, 신념, 삶의 모습이 잘 드러난 전기문

ⓑ 쓰기

- 학교, 지역 사회에서 일어난 일을 육하원칙에 따라 작성한 기사문

- 학교, 지역 사회에서 제기되는 쟁점에 대하여 찬성 또는 반대하는 글

- 다른 사람에게 잘못한 일을 사과하는 글

- 재미있는 사건을 상상하여 쓴 이야기

ⓒ 문법

- 반언어적 표현이 효과적으로 사용된 언어 자료

- 사전적 의미와 문맥적 의미의 확인이 필요한 언어 자료

- 여러 가지 시간 표현이 들어 있는 언어 자료

- 의사소통 상황의 구성 요소를 고려한 여러 가지 언어 자료

ⓔ 문학

- 사건의 전개가 분명한 작품

- 인물이나 배경의 묘사가 구체적인 작품

- 주제가 분명하게 드러나는 작품

6학년

ⓐ 읽기

- 사건의 전개가 분명한 작품

- 인물이나 배경의 묘사가 구체적인 작품

- 주제가 분명하게 드러나는 작품

ⓑ 쓰기

- 다양한 매체에서 조사한 내용을 정리하여 요약하는 글
- 문제와 해결의 짜임으로 쓴 연설문
- 다른 사람에게 일어난 좋은 일을 축하하는 글
- 여정, 견문, 감상이 잘 드러나는 기행문

ⓒ 문법
- 고유어, 한자어, 외래어, 외국어가 들어 있는 언어 자료
- 접속 부사 등으로 연결된 문장이 들어 있는 언어 자료
- 호응 관계를 보여 주는 문장이 들어 있는 언어 자료
- 한글의 우수성을 알려 주는 언어 자료

ⓔ 문학
- 다양한 비유가 사용된 작품
- 문화와 전통의 차이가 드러나는 여러 작품
- 인물 간의 갈등이 잘 드러나는 작품
- 주제가 분명하게 드러나는 작품

교과서에 수록된 글의 원문을 읽히세요

국어 교과에 접근하는 제 제일 원칙은 국어 교과서에 수록된 책들의 원문을 읽히자는 겁니다. 국어 교과서 뒤에 보면 수록 저작물 목록이란 게 있어요. 교과서에 실린 책들의 원문을 알려 주는 길잡이지

요. 목록을 보고 원문을 찾아 읽으면 더할 나위 없이 좋지만 1980년대와 1990년대 초반의 책들은 많은 수가 절판이 되었습니다.

3학년 1학기 말하기·듣기 둘째 마당의 『미운 돌멩이』(금성출판사)도 그중 하나입니다. 종로서적이 출판한 단편 동화집인 『알게 뭐야』에 실렸기 때문이죠. 그런데 『알게 뭐야』에 나와 있는 단편 중 일부가 한겨레아이들의 『살꽃이야기』로 나왔어요. 그래서 『알게 뭐야』를 구하기 어렵다면 『살꽃이야기』를 읽으면 됩니다.

작가인 이현주 선생님은 동화뿐 아니라 다양한 책을 썼고, 번역도 많이 하신 분이세요. 선생님은 『바보 온달』(우리교육)을 이전과는 다른 해석으로 풀어 나갔습니다. 온달이 평강공주를 만나 출세한 게 아니라 착한 온달이 욕심에 눈을 떠 순박한 마음을 잃게 되었다고 썼습니다. 이분의 작품은 마음을 깨끗하게 정화시켜 주는 느낌이어서 참 좋습니다.

자세히 살펴보니까 출판사 중에서는 푸른책들 출판사의 책이 교과서에 제일 많이 실려 있답니다. 이 출판사는 1999년 처음 동화책을 펴낸 후로 지금까지 많은 국내 동화 작가를 발굴했습니다. 이금이, 한석청, 강숙인, 박운규, 손연자, 배봉기 등 낯익은 중견 작가들과 손호경, 강정임, 이미애, 김희숙 등 신인 작가들의 등용문이 되었답니다.

푸른책들 외에도 좋은 창작 동화를 내는 출판사들이 많습니다. 문학동네어린이, 논장, 창비, 웅진주니어, 길벗어린이 들이죠. 이들 출판사에서 나온 책들 중에 스테디셀러로 꼽히는 책들을 읽는다면 국어 교과서의 원전 읽기가 이루어지는 셈입니다.

한 가지 아쉬운 점은 국어 교과서이기 때문에 외국 동화가 우리 동화보다 적게 실렸다는 점입니다. 우리교육, 논장 등의 출판사는 좋은 외국 동화를 우리나라에 소개하고 있어요. 비룡소, 문지아이들, 시공주니어, 아이세움이 그 대표적인 출판사입니다. 제가 좋은 창작 동화들을 추천해 드릴게요.

 책 먹는 하마가 권하는 외국 창작동화

- 1단계(초저) : 『난 책읽기가 좋아』 시리즈(비룡소), 문지아이들 1단계(문지아이들), 시공주니어 문고 독서 레벨 1(시공주니어)
- 2단계(초중) : 『1013』 시리즈(비룡소), 문지아이들 2단계(문지아이들), 시공주니어 문고 독서 레벨 2(시공주니어)
- 3단계(초고) : 『비룡소 걸작선』 시리즈(비룡소), 문지아이들 3단계(문지아이들), 시공주니어 문고 독서 레벨 3(시공주니어)

아이세움의 『익사이팅북스』 시리즈는 나이별로 책을 골라서 볼 수 있게 되어 있답니다. 우리교육, 논장, 바람의아이들, 보물창고의 번역 작품들도 생각거리를 던져 주는 세계 명작이 많습니다. 물론 위에 '초저-초중-초고'로 분류한 것은 제가 편의상 나눈 것일 뿐입니다. 아이의 독서 역량에 따라 얼마든지 골라 읽을 수 있답니다.

위인전이 아니라 다양한 사람들의 인물 이야기를 읽혀야 합니다.
초등학교 중학년쯤 되면 아이들은 위인전을 즐겨 읽습니다. 기존의 위인전은 위대한 장군이나 정치가 위주입니다. 저는 아이들이 다양한 사람들의 이야기를 접했으면 하는 바람이 있습니다. 위인의 완벽함이나 뛰어남만을 본받을 게 아니라 위인들이 뭔가를 바랐고 고민했고 노력했는지에 관심을 가져 주었으면 하는 바람이지요. 그리고 인물을 통해 시대를 이해했으면 합니다. 요즘은 우리나라에도 다양한 소재와 형식의 인물전이 많이 소개되어서 개인적으로 기쁩니다. 제가 권하는 위인전들은 다음과 같습니다.

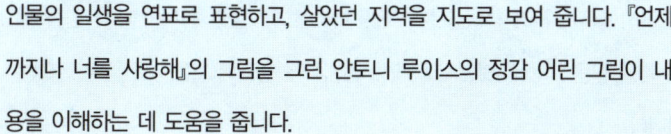

Tip 1 : 2학년 이상

『소년왕』 시리즈 (꼬마이실)

인물의 일생을 연표로 표현하고, 살았던 지역을 지도로 보여 줍니다. 『언제까지나 너를 사랑해』의 그림을 그린 안토니 루이스의 정감 어린 그림이 내용을 이해하는 데 도움을 줍니다.

Tip 2 : 3학년 이상

『넬슨 만델라』(넬슨 만델라/계림북스쿨)

형식만 보면 저학년용이라는 생각이 들지만 시대적 배경을 이해하려면 중학년 이상이 봐야 합니다. 이 책은 계림의 북스쿨 인물전 중 하나예요. 형태가 무척 흥미롭습니다. 마치 앨범을 들여다보는 것 같아 지루하지 않고 화려한 원색이 아프리카 토속 미술을 재현한 것 같습니다.

Tip 3 : 5학년 이상

『마거릿 미드』(사비나 콜로레도/아이세움)

아이세움의 여성 인물 이야기 시리즈는 특히 딸아이를 둔 어머니들에게 권합니다. 최초의 여성 참정권자였던 수잔 B.앤터니, 최초의 대서양 횡단 여성 비행사 아멜리아 에어하트 등 여자라는 한계를 이겨 낸 시대를 앞선 여성들의 이야기를 소개하고 있답니다. 문화 인류학자인 마거릿 미드를 처음 들은 때가 언제인가요? 저는 대학에 들어가서야 그 이름을 처음 들었답니다. 이렇게 공들인 인물전을 초등학교 때에 만날 수 있다니 요즈음 아이들은 확실히 운이 좋지요? 이 책들을 통해 인문학적인 지식뿐만 아니라 내가 진정 하고 싶은 일은 과연 무엇인지에 대해 진지하게 생각해 보는 시간을 가졌으면 합니다.

Tip 4 : 6학년 이상

『20세기를 만든 사람들』(애니타 개너리/어린이작가정신)

전문 번역자 김석희 씨의 공들인 번역으로 12권이 다 완간되었습니다. 지난 100년간 인류에 큰 영향을 미친 인물 12명을 풍부한 사진 자료와 더불어 소개하고 있습니다. 이 사람들이 20세기에 미친 영향은 지대합니다. 이 시리즈를 다 읽으면 현대사에 대한 이해가 풍부해집니다.

    제가 수많은 위인전 중에서 이 책만은 꼭 아이에게 읽혔으면 하는 책이 있습니다. 바로 『간송 선생님이 다시 찾은 우리 문화유산 이야기』(한상남/샘터)입니다. 일제 강점기 시절 일본 사람들 손으로 넘어간 우리 문화재를 되찾아오는 데 평생을 받친 전형필 선생님의 일대기여서 너무 반가웠습니다. 우리나라 국보와 보물급 문화재가 한국 전쟁 포화 속에서도 무사히 지켜져 지금까지 이어져 오게 된 귀중한 이야기가 아이들 눈높이에서 쉽게 쓰여졌습니다.

    이 책은 우리나라가 국권을 상실했던 일제 시대, 우리 문화유산을 지킬 수만 있다면 우리 민족의 전통은 다시 이어나갈 수 있다는 신념으로, 우리 문화유산이 일본인 손에 넘어가는 것을 평생을 바쳐 막아 낸 간송 전형필 선생님의 생애를 다룬 책입니다. 3·1 운동을 이끌었던 민족 대표 33인 중 한 분이셨던 위창 오세창 선생님과 함께 우리 문화재를 지키는 일에 대한 소명 의식을 키워 나간 전형필 선생님이, 오세창 선생님의 도움을 받아 고려청자, 조선 백자, 추사 김정희의 글씨들, 풍속 화첩의 으뜸이라 할 수 있는 신윤복의 「혜원 전신첩」에 이르기까지 수많은 우리 문화유산을 일본인으로부터 되찾아오는 과정을 역사적 사실 그대로 소개하고 있습니다.

이 책을 계기로 1년 중 5월과 10월에 열리는 간송미술관 정기 전시회에 여러분들도 자녀와 함께 꼭 가보셨으면 합니다. 지금은 간송미술관으로 불리지만 예전에는 보화각이라고 불린 우리나라 최초의 사립 미술관이었습니다.

저는 아이들과 함께 간송미술관 전시회를 자주 찾는 편인데 그때마다 아이들은 우리 전통에 대한 이해와 사랑을 느낀다는 말을 합니다. 이 책을 읽는 독자들도 간송 선생님이 전 재산과 생애를 바쳐서 지켜 낸 우리 문화유산을 우리가 귀하게 여겨야 한다는 마음을 가졌으면 합니다.

 책 먹는 하마가 권하는 꼭 읽어 봐야 할 위인전

- 1단계 : 『장애를 딛고 선 천재화가 김기창』(심경자/나무숲), 『넬슨 만델라』(넬슨 만델라/계림북스쿨)
- 2단계 : 『유일한(정직과 나눔을 실천한 기업인)』(임정진/작은씨앗), 『하늘의 개척자 라이트 형제』(러셀 프리드먼/비룡)

소), 『장기려, 우리 곁에 살다 간 성자』(김은식/봄나무)
● 3단계 : 『간디 자서전』(김선희/파란자전거), 『마틴 루서 킹』(애니타 개너리/어린이작가정신), 『수잔 B. 엔터니(최초의 여성 참정권 운동가)』(박정희/아이세움)

시집과 시조집은 마음으로 듣는 거랍니다

논술 때문에 학생들이 시를 잘 읽지 않는다고 합니다. 논술이 논리적인 글이니까 학생들의 독서도 논리적이고 이성적인 방향으로 흐르는 모양입니다. 국어를 전공하신 분들 중에서 많은 분들이 이 점에 대해서 우려하고 계시더군요. '나는 생각한다, 고로 존재한다'는 말만큼 '나는 느낀다, 고로 존재한다'가 중요하다는 말씀입니다. 느낌을 표현하는 데 시만큼 좋은 장르는 없지요. 학생들이 시를 외면하는 것은 꼭 논술 때문만은 아닐 겁니다. 성인들도 시를 잘 읽지 않지요. 시가 어렵게 느껴지는 것은 비단 학생만이 아닌 듯합니다. 상징이나 비유도 많고 표현이 함축적이고 다의적이기 때문에 해석하기가 쉽지 않습니다. 하지만 시를 많이 읽을 경우, 창의력도 늘고 자신의 생각을 압축해서 표현할 수 있는 능력도 생길 수 있습니다. 그러기 위해서는 좋은 시를 많이 읽어야겠지요. 시는 읽을 때 머릿속에서 이미지를 떠올릴 수 있습니다. 그런 면에서, 일반적인 독서가 우뇌를 발달시키지만 시는 좌뇌를 발달시키는 문학 갈래인 것 같습니다. 여러 모로 유익한 것이지요.

제가 추천하는 시집은 『시가 말을 걸어요』(정끝별/토토북)라는 책입니다. 이 책은, 감성과 운율이 담긴 시보다 줄거리 위주의 산문에 길들여진 어린이들에게 '시를 왜 읽고, 어떻게 읽어야 하며, 어떻게 해야 멋진 시를 쓸 수 있는지'를 다정하고 친절하게 가르쳐 주는 입문서라고 할 수 있습니다. 정 시인이 어린 두 딸과 딸의 친구들에게 읽어 주고 싶은 동시와 해설이 들어 있습니다. 전래 동요부터 시작해 해외 시인의 시롱펠로우의 『화살과 노래』까지 계절별로 10편씩 모두 40편이 수록돼 있습니다. 시집은 『시를 잡아라』(신현득)라는 시로 "시가 뭘까?"란 물음에 대해 같이 생각해 보는 것에서 시작합니다. 아이들 눈높이를 의식해 『소풍 전날 밤』(서재환), 『졸음』(윤향구), 『아빠 엄마 싸움』(박돈목)처럼 어린이의 생각과 마음을 그대로 표현한 재미난 시들도 소개하고 있습니다. 시란, 본 대로 느낀 대로의 마음을 표현하는 것이라고 일러 줍니다. 정 시인은 시를 놀이처럼 생각하고 시 속에서 숨바꼭질을 즐겨 보라고 권합니다. 시를 읽고, 시가 숨겨 놓은 숨은 얘기들을 찾으라는 이야기입니다. 시는 어려운 것이 아니라 우리 일상과도 많은 관련이 있으며 우리 주변에 숨어 있는 모든 것들이 시의 소재가 될 수 있으니, 주변 모든 것들을 잘 살펴보고, 찾아낸 것들을 말을 아껴서 짧게 써보라고 합니다. 그게 바로 시를 쓰는 과정이며, 이 과정을 통해 어린이들은 생각과 표현력을 키울 수 있다는 주장입니다. 해설에서는 '시를 읽는 법'과 '시를 쓰는 법'을 차근차근 배울 수 있습니다. 실제 여러분 자녀가 치를 서술형 평가 시험에서 도움이 될 겁니다. 어떤 문제로 시험을 치르는지 한 번 보실래요?

[자료] 3학년 2학기 국어 서술형·논술형 평가 예시 문항

※ 다음 시를 읽고, 물음에 답하시오.

〈짝 궁〉

한 학교
옆 교실
공부 시간.

자줏빛 새 옷 입은
짧은 머리.
어깨 너머 옆얼굴
아무도 몰래
창문 사이로 보고 싶어
망설이다 망설이다
몸을 웅크리며 가만히 손을 든다.

"선, 생, 님……. 화장실에……."
"요새 자주 아프구나."
선생님도 모르는 꾀병.

1. 이 시의 '말하는 이'가 좋아하는 여자 친구를 표현한 말을 찾아 쓰시오. (기본형)

2. 이 시에 나오는 '말하는 이'의 마음은 어떠할까요? (기본형)

    시가 우리의 마음을 담고 있다면 시조는 우리의 역사를 담고 있다는 사실을 아세요? 『우리 대표 옛시조(초등학생이 꼭 알아야 할)』(안희웅/예림당)는 교과서에 실린 유명한 시조를 자세한 풀이와 함께 지은이, 배경도 설명해 주고 있어서 시조를 통해 고려 시대와 조선 시대의 역사를 알 수 있습니다. 5학년 겨울 방학 때 읽어 두면 6학년 1학기 사회 과목이 쉬워집니다. 글로만 읽은 역사적 사실을 그 당시 인물들의 삶 속에서 느껴 볼 수 있는 장점이 있습니다. 다음 시조를 보실래요.

가노라 삼각산아, 다시 보자 한강수야
고국 산천을 떠나고자 하랴마는
시절이 하 수상하니 올동 말동하여라
                      - 김상헌

병자호란 당시 끝까지 청나라와의 싸움을 주장했던 척화파의 대표인 김상헌이 청나라로 끌려갈 때 한양을 보면서 자신의 처지를 읊은 시입니다. 아이들에게 이 시조를 읽히고 나서 임진왜란과 병자호란을 겪은 후의 조선 중기 사회상에 대해서 이야기할 수 있습니다. 국제 정세를 제대로 파악하지 못한 인조가 청나라에 굴복하면서 결국 지금의 남한산성에서 삼전도의 굴욕을 겪었다는 점을 아이에게 상기시키면서 심화 학습까지 할 수 있습니다. '옛날 일이야'라고 생각할 게 아니라 우리나라는 지금도 강대국에 사이에 낀 안팎곱사등이 신세니까 해양 세력과 대륙 세력의 사이에서 균형을 잡으면서 명분보다는 실리를 추구하려는 자세가 필요하다는 주제로 토론까지 할 수 있습니다. 역사의 격동기에 선 증인들의 시조는 읽기 자체로 역사 공부가 됩니다. 시조를 쓴 사람의 심리에 대해서 이야기하는 것만큼 역사적 배경 지식을 쉽게 쌓을 수 있는 방법은 없으니까요.

 책 먹는 하마가 권하는 동시와 시조 친해지기

- 1단계 : 『종이로 지은 성』(베르나르 클라벨/비룡소), 『나무야 나무야 겨울 나무야』(이원수/웅진닷컴)
- 2단계 : 『콩, 너는 죽었다』(김용택/실천문학사), 『고구려의 아이』(신현득/대교출판)
- 3단계 : 『대한민국 대표 동시 365가지』(김원석/세상모든책),

『거인들이 사는 나라』(신형건/푸른책들), 『정민 선생님이 들려주는 한시 이야기』(정민/보림)

고전 읽기는 우리 옛이야기로 시작합시다

　학부모들은 고전을 좋아합니다. 아니, 좋아하는지는 모르겠지만 자신의 아이들이 고전을 읽어야 한다는 강박 관념을 갖고 있습니다. 고전은 왜 읽어야 할까요? 전문가들은 고전에서 보편성을 찾습니다. 수많은 시간이 흘렀어도 여전히 우리에게 전해진다는 것은, 그만큼 글 안에 보편적인 내용이 담겨 있기 때문이라는 것이지요. 그런데 우리가 고전이라고 하면 떠오르는 것들, 그리스·로마 신화, 셰익스피어, 톨스토이, 장발장, 소공녀, 키다리 아저씨……. 다 어느 나라 것들인가요?

　잠자기 전 할머니, 엄마가 들려준 옛이야기를 누구나 한두 개 정도 기억하고 있을 겁니다. 그때 들은 이야기는 지금도 생생하게 기억나죠. 우리 아이들도 잠자기 전 이야기를 들려 달라고 하죠? 이럴 때 어떤 이야기를 하나요? 『신데렐라』나 『잠자는 숲 속의 공주』처럼 세계 명작 동화, 아니면 『소공녀』나 『행복한 왕자』 같은 고전을 주로 들려주고 있지 않나요? 그런데 저는 다른 생각을 한답니다. 『사기』에 나오는 백이숙제 이야기나 『삼국유사』에 나온 건국 신화 이야기를 들려주면 얼마나 좋을까요?

사실 엄마들도 제목과 대강의 줄거리만 알뿐 그런 고전을 실제로 읽어 본 일은 드물 것입니다. 우리가 흔히 알고 있는 이야기 중에서 처음부터 끝까지 제대로 알고 있는 이야기가 얼마나 될까요? 저는 어머니들이 우리 아이들에게 제대로 된 옛이야기를 들려주었으면 하는 바람을 갖고 있습니다. 이런 이야기들은 『삼국유사』 등 고전에 실려 있는 경우가 많아요. 『삼국유사』는 아이들에게 꼭 읽혀야 합니다. 『삼국유사』가 없었다면 단군 신화나 주몽, 박혁거세 등 우리 고대 국가의 건국 신화가 전해지지 않았을 테니까요. 「홍길동전」이나 「장끼전」, 「사씨남정기」, 「박씨부인전」 같은 우리 고전도 셰익스피어나 톨스토이만큼, 아니 그 이상으로 우리에게 중요합니다. 우리 고전들을 아이 눈높이에 맞게 쉽게 풀어 쓴 책들이 많아요. 저는 축약본에 반대하지만 고전은 처음부터 완역본을 읽기가 부담스럽기 때문에 이런 책들을 읽혀야 한다고 생각합니다. 초등학교 고학년 시기에 파란자전거에서 출간한 『파란클래식』 시리즈를 읽고, 청소년기에는 서해문집에서 나온 『클래식』 시리즈를 읽으면 고전이 어렵게만 느껴지지는 않을 것입니다.

딸아이가 6학년이 되자 아이에게 우리 근대사를 알려 주기 위해 『열하일기』를 골랐습니다. 『열하일기』를 읽으면 실학 사상의 대표 학자인 박지원에 대해서는 물론이고 그 당시 시대 상황을 충분히 알 수 있을 거라는 판단 때문이었지요. 수많은 『열하일기』 중에 선택한 책은 파란자전거의 『파란클래식』 시리즈였습니다. 축약본은 무조건

백안시했는데 이 책을 보면서 생각이 달라졌습니다. 구성이 너무 알 찼기 때문입니다. 우선 그 소설의 시대적 배경과 작가에 대한 설명이 자세히 실려 있었습니다. 설명을 글자만으로 채운 다른 책들과 달리 지도, 화보, 사진 등을 풍부하게 실어 지루하지 않게 볼 수 있도록 했고요.

이 책을 통해서 '축약본은 독서를 망친다'는 제 확고한 신념이 달라졌습니다. 이렇게 성실한 책이라면 꼭 어려운 완역본을 고집하기보다는 쉬운 축약본부터 읽기 시작하는 것도 좋겠다는 생각이 들었어요. 그 뒤로 같은 출판사에서 나온 『유토피아』, 『동방견문록』에도 도전했답니다.

이 책을 읽고 저는 아이와 이런저런 대화를 나누었습니다. 여기 소개해 드릴게요. 문답식으로 되어 있습니다. 보시면 아시겠지만 기행문을 통해 아이의 고전 읽기를 국어 영역에 한정시키는 것이 아니라 지리 그리고 역사까지 관심의 폭을 확장시켜 주었습니다. 책에서 교훈을 뽑아내는 것에 대해 부정적인 독서 전문가들도 있지만 저는 초등학생들이 스스로 책에서 교훈을 뽑아내는 일에 어느 정도는 익숙해질 필요가 있다고 생각합니다. 유정이가 『열하일기』에서 어떤 교훈을 도출해 냈는지 한번 보시기 바랍니다.

엄마: 유정아, 얼마 전에 엄마가 권해 준 『열하일기』를 읽었잖아? 오늘은 그 책을 갖고 유정이와 엄마가 대화를 나누었

으면 해. 저자는 왜 이 책을 썼을까?

🐰 **딸**: 사람들에게 중국에 대해서 제대로 알게 해 주려고.

🧸 **엄마**: 이 책은 연암이 청나라를 방문하면서 겪었던 일화들을 소개하고 있잖아? 그 에피소드 중에서 유정이의 관심을 끈 것은 뭐니?

🐰 **딸**: 꿈 이야기가 인상적이었어. 원래 연암이 갈 곳이 열하인데 처음에는 다른 곳을 갔잖아? 근데 계속 열하 가는 꿈을 꾸니까 결국 실현이 됐잖아.

🧸 **엄마**: 엄마는 『열하일기』에서 나오는 꿈이 무슨 의미가 있다고 생각해.

🐰 **딸**: 무슨 의미?

🧸 **엄마**: 개혁에 대한 열망으로 해석할 수 있어. 개혁이 뭔지 알지?

🐰 **딸**: 현실을 바꾸려는 것 아닌가?

🧸 **엄마**: 맞아. 현실을 바꾸려고 했겠지. 이 책을 읽으면 엄마는 우물 안 개구리 우화가 생각나.

🐰 **딸**: 당시 우리나라 양반들을 이야기하는 거지?

🧸 **엄마**: 맞아. 유정이는 당시 양반들을 어떻게 생각하니?

🐰 **딸**: 지금 존재하지도 않는 양반을 내가 어떻게 생각할 수 있겠어. 과거의 지배 계층이고 오늘날에도 어느 정도 영향을 미치고 있겠지. 그런데 조금 안됐다는 생각도 들어. 지켜야 할 법도 많고 사람들의 시선도 너무 부담스럽고,

실리도 없었잖아?

엄마: 바로 실리도 없는 것, 명분에 사로잡힌 존재라고 연암은 양반을 비판한 거야. 명분보다 실리를 추구하는 자세를 뭐라고 하는지 아니?

딸: 글쎄?

엄마: 실사구시라고 해. 실학의 정신이기도 한데 실생활에 도움이 되는 것이 중요하다는 거야. 요즘 우리에게 유행하는 실용주의와도 비슷한 거지.

딸: 엄마 말 때문에 생각이 나서 그런데 연암이 중국 여행 중에서 기와 조각과 똥 무더기가 가장 볼만하다고 했잖아? 그것도 실사구시랑 무슨 관계가 있는 거야?

엄마: 맞아. 그렇게 하찮아 보이는 것 속에서도 생활을 중시하는 중국의 실용적인 입장을 볼 수 있었기 때문에 연암은 그런 이야기를 한 거야. 그런데 연암은 왜 벽돌이 돌보다 낫다고 했을까?

딸: 한꺼번에 많이 만들 수 있고 규격화할 수 있어서 아닐까?

엄마: 맞아. 연암이 중국에서 배우고 싶었던 것은 그거야. 많은 생산을 통해 백성들을 잘살게 해주는 것. 그래서 오랑캐 국가지만 청나라를 배우자고 했던 거야.

딸: 그런데 청나라면 청나라지. 왜 오랑캐 국가라고 불러?

엄마: 호칭 문제인데 청나라는 본토 중국 사람들, 한족이 세운

나라가 아니라서 깔보는 거야. 한족 입장에서 보면 우리도 오랑캐인데 같은 오랑캐끼리 깔보는 거지.

딸: 흑인이나 동남아 사람을 백인보다 깔보는 요즘 우리 모습과도 비슷하네.

엄마: 그렇단다. 여전히 중화사상, 사대주의에 물든 사람이 많지.

딸: 그런데, 엄마 왜 우리는 발달한 청나라로부터 문물을 수입하지 못했어?

엄마: 가장 큰 이유는 실학을 주장한 사람들이 권력을 잡지 못해서였어. 그 당시에 권력을 잡았던 사람들은 예의나 형식 이런 것들을 실용보다 더 높이 샀거든. 가장 큰 문제는 이들에게 있었겠지. 이들이야말로 조선이라는 나라를 서서히 망하게 한 주범들이겠지. 이들은 자신들의 기득권을 유지하려고 변화를 주장하는 실학자들을 공격했어. 실학을 주장한 사람에게도 문제가 있었지. 먹고사는 문제가 중요하다는 주장은 누구나 공감할 수 있지만, 백성을 설득하는 데 실패한 거야. 백성의 삶 속으로 들어가 그들과 대화하려고 노력해야 하는데 다산 정약용을 빼고는 그러지 못했어. 백성 삶 속으로 들어가 행동하지 않고 바깥에서만 생각한 거야. 그래서 백성도 그들의 주장을 받아들이지 못한 거지. 여기서 우리는 어떤 교훈을 배울 수 있을까?

딸: 아무리 뜻이 좋아도 사람들 마음을 움직이지 못하면 그

뜻을 펼칠 수가 없다는 것 아닐까?

🐘 엄마: 바로 그거야. 유정이도 이 점을 꼭 잊지 마라.

 책 먹는 하마가 권하는 우리 고전

- 『이 세상 첫 이야기』 시리즈(정하섭/창비)
- 『한겨레 옛이야기』 시리즈(한겨레아이들)
- 『이주홍 할아버지가 들려주는 팔도 옛이야기』 1~2(이주홍/웅진씽크빅), 『재미가 솔솔 나는 우리 옛이야기』(돋움자리/시공주니어)
- 『재미있다! 우리 고전』 시리즈(창비)

 책 먹는 하마가 권하는 동양 고전과 서양 고전

동양

- 『열하일기』(이명애/파란자전거)
- 『어린이를 위한 사마천의 사기』 1~3(사마천/웅진닷컴)
  - 1권 대륙에 뜨는 별
  - 2권 세 치 혀로 세상을 주무르네
  - 3권 천하를 낚아 올린 영웅들

- 『홍길동전』(정종목/창비)
- 『장끼전』(김기문/해와나무)
- 『조선의 여걸 박씨부인』(정출헌/한겨레아이들)

서양
- 『유토피아(토머스 모어가 상상한 꿈의 나라)』(김선희/파란자전거)
- 『오디세이와 일리아스』1~2 (로스마리 셧클리프/국민서관)
  - 1권 트로이 전쟁과 목마
  - 2권 오디세우스의 방랑과 모험
- 『아이네이아스(새로운 고향을 찾아서)』(페넬로피 라이블리/국민서관)

02 사회과 선행독서 이렇게 하라

사회과는 학년이 올라갈수록 독서량이 많은 학생과 그렇지 못한 학생들 간의 성적 차이가 벌어지는 교과입니다. 따라서 선행독서가 가장 필요한 것이 사회과라고 할 수 있지요. 3학년부터 6학년까지 사회 교과서를 관통하는 주제는 세 갈래입니다. 우선 인간과 사회.

이것은 정통적인 의미의 사회 과목으로서 경제와 정치가 포함됩니다. 인간과 공간은 지리에 해당합니다. 그리고 인간과 시간은 역사라고 보시면 됩니다. 다음 표를 보면 이해가 빠를 겁니다.

아이들에게 사회와 과학 과목이 어려운 이유는 어휘와 내용 때문입니다. 다음의 [표]는 서울시 교육청 자료인데 '인간과 시간'에서 '변천'이란 말도 그렇고 아이들에게는 '촌락'이란 말도 쉽지 않습니다. '촌락'도 모르는데 어떻게 '지구촌'을 가르칠 수 있겠습니까? 어휘에 친숙해지기 위해서라도 수업을 듣기 전에 교과와 관련된 책을 읽게 하면서 관련 지식을 쌓아야 하는 것이지요. 사회과는 역사와 지리가 통합되면서 더 어려워졌습니다. 경제나 법은 추상적인 이해가 가능하지만 '인간과 시간'에서 다루는 옛날의 생활상과 모습, '인간과 공간'에서 다루는 자기가 살고 있는 지역 외의 다른 지역의 모습을 이해하기에는 역부족입니다. 사회에 지리, 역사, 법, 정치, 경제 등이 섞이면서 다루는 내용이 매우 방대해졌으며 지식 이해를 돕기 위해 제공되는 자료들도 표와 사진, 도표, 지도 등으로 다양해져서 아이들에게는 사회과가 적지 않은 부담이 되어 버린 것이지요. 복합적인 인지 능력이 필요한데 복합적 인지 능력이란 내용을 읽고 이해하는 독해 능력, 읽은 내용 중에 중요한 것을 파악하여 정리할 수 있는 요약 능력, 요약된 지식들이 앞뒤로 어떻게 관련을 맺고 있는지 체계화시킬 수 있는 능력 모두를 말합니다.

사회과 중 '인간과 공간'의 내용은 아동의 발달, 사회적 경험, 사회

[표] 사회과 주요 학습 요소

영역	학습 요소	선행독서가 필요한 부분
인간과 사회	기관 단체 물자 유통 지방 자치 여가 생활 경제 성장 산업 활동 민주 정치 민주 시민 지구촌 문제 해결	물자의 생산과 유통 및 상호 의존 관계를 알게 한다.
		가정 경제와 국가 경제 및 국제 경제의 관련성을 이해하는 안목을 길러 준다.
		법과 민주 정치와 민주 시민의 권리와 의무에 대하여 알고 올바른 시민 의식을 길러 준다.
인간과 공간	자연환경 인문 환경 환경 보존 도시와 촌락의 생활 지구촌	지도의 요소와 지도 읽는 방법을 통해 자연환경과 생활 관계 및 지도 표현 방법을 익힌다.
		지리 관련 도서를 읽고, 우리나라 및 세계 여러 나라의 자연환경과 생활 모습에 관한 다양한 정보를 습득한다.
인간과 시간	생활 변천 문화 전통 문화재 박물관 한국사	과거의 생활 도구와 교통 수단 및 놀이와 풍습, 박물관과 문화재, 한국사 서적 및 위인전을 읽고 과거-현재-미래의 연관성을 이해한다.

기능을 고려하는 '환경 확대법'의 원칙에 따라 배열됩니다. 학년이 올라갈수록 다루는 대상은 자신과 가족의 울타리를 넘어 바깥으로, 바깥으로 확대됩니다. 3학년에서는 우리 고장의 생활 모습, 4학년에서는 시·도의 모습과 사회생활, 5학년에서는 우리나라의 생활과 문화, 6학년에서는 지구촌 시대의 순서로 내용이 구성되어 있습니다.

역사는 시대적인 흐름을 이해하고 배경을 알아 두면 이해하기 쉽습니다. 초등학교 3학년부터 다양한 역사책을 꾸준히 읽어 두면 좋습니다. 역사는 다독이 좋은데 여러 책을 대하면서 겹쳐지는 부분을 완전히 이해하게 되고, 각 책마다 다른 시각사관도 발견하게 되면서 아이들의 지적 성숙도가 높아지기 때문입니다. 역사책을 읽으며 지도를 함께 보는 습관을 들일 경우 역사와 지리의 통합 학습이 가능합니다. 1장에서도 말씀드렸지만 지도 개념을 이해하기 위해 여행 할 때 직접 지도를 찾아보거나 도로 표지판을 살펴보면서 다니는 것이 좋습니다.

제가 대학 시절 역사를 전공했기 때문에 아무래도 아이들에게 역사책을 많이 읽히는데, 읽히는 순서가 있습니다. 먼저 역사를 아이 눈높이에 맞춰서 녹인 동화를 읽힙니다. 그리고 나서 한국사 전체를 다룬 통사를 읽게 합니다. 마지막으로 시대사를 읽힐 때 특정 인물이나 특정 역사적 사건에 대해 다룬 책을 읽게 합니다. 제가 강조하는 것은 한국사와 세계사를 유기적으로 파악하자는 겁니다. 세계 역사의 큰 흐름 속에서 한국 역사의 흐름이 어떠했는지를 파악하는 것이 중요하다는 이야기지요. 1차 세계대전과 3·1 운동, 6·25 전쟁과 동서의 냉전. 이런 식으로 짝을 이뤄 아이들이 한국사와 세계사를 동시에 이해할 수 있도록 배려하는 겁니다. 그렇다면 이제부터 학기별로 알아보겠습니다.

[사회과 3학년 1학기] 우리 고장의 생활 모습

『세상에 단 하나뿐인 지도』(김재일/디딤돌)

3학년 1학기 사회는 시·군을 범위로 한 '고장의 생활'이 중심입니다. 2학년 때 '슬기로운 생활'에서 배운 가정, 학교, 이웃, 마을 등 일상생활 속에서 경험하는 자연환경과 사회 현상에 대한 학습을 시간적, 공간적으로 확대한 것이지요. 4학년 때 배우는 사회과의 시·도 지역의 생활에 대한 학습의 기초가 됩니다. 이 단원에서 아이들이 배워야 할 것은 두 가지입니다. 지도 읽기와 읍, 면, 시, 군, 구 등 다양한 이름으로 불리는 우리 고장을 주민 생활을 통해 이해하는 것입니다.

이 책은, 머릿속에 있는 공간을 종이로 옮길 때 필요한 여러 가지 것들과 순서에 대해 잘 설명하고 있습니다. 초등학교 교사인 저자가 수업 시간에 설명하는 것처럼 친절하고 자세하게 지도의 기본 개념을 설명하고 있습니다. 초등학생들이 이해하기 어려운 개념(예: 축척)은 최소화하고 최대한 아이들의 눈높이에 맞추어 글을 쓰려고 노력한 흔적이 보입니다. 다양한 그림지도와 사진, 귀여운 삽화 등이 실려 있어 아이들이 재미있게 읽으면서 이해할 수 있습니다. 이 책에 실린 그림지도에 관한 그림을 실제로 어린이가 그렸다는 점을 알려 주면 아이들도 자신감을 가지고 그림을 그릴 수 있답니다. 사회 교과서의 가장 처음에 나오는 단원이 바로 그림지도 그리기입니다. 그림지도를 그릴 때 아이들은 의외로 동서남북 방위 잡는 기준을 어려워합니다. 이때쯤이 되면 과학 시간에 해를 등지고 양팔을 벌렸을 때 오른쪽 팔 있는 곳이 동쪽, 왼팔 있는 쪽이 서쪽이라는 식으로 가르쳐 주고 있습니다. 과학 시간에 배운 것과 연계해서 방위를 설명해 주면 아이들은 쉽게 받아들입니다. 지도에 쓰이는 다양한 그림 기호도 알아야 하는데 아이들에게 기호는 약속으로써 외우는 수밖에 없다고 말해 주십시오.

실제 고등학교에서 지리를 가르치는 교사들의 말에 따르면 중·고등학생들도 기초적인 지도 읽기 능력이 길러지지 않았다는 것을 확인할 수 있다고 합니다. 선생님들이 수업 시간에 다양한 지도를 제시하면서 설명하면 그 순간 아이들의 얼굴이 멍해진다고 합니다. 그리고 시험 기간이 되면 "선생님, 시험에 지도 나와요?"라는 질문을 꼭 하는데, "지리에서 지도를 안 쓰고 어떻게 시험 문제를 내니?"라고 응답하면 아이들은 한숨을 쉰다고 하는군요. 이런 일이 여러분 자녀에게 발생하지 않으려면 초등학교 3학년 사회 시간에 맞춰 이 책을 꼭 읽히시는 게 좋겠지요.

 책 먹는 하마가 권하는 지도와 친해지는 책

- 1단계 : 『초롱이와 함께 지도 만들기』(로린 리디/ 미래M&B)
- 2단계 : 『세상을 보는 눈, 지도』(청동말굽/문학동네어린이), 『초등 지리 생생 교과서』(지호진/ 스콜라)
- 3단계 : 『김정호』(정영애/파랑새어린이), 『미국 초등학생이 배우는 지리』(앤 제만 외/창해)

[사회과 3학년 2학기] 우리 고장의 전통문화

『학교로 간 터줏대감』(전다연/대교출판)

3학년 2학기 사회에서는 우리 고장의 문화적 전통과 물자의 유통, 고장의 여러 기관에서 하는 일 등을 배웁니다. 우리나라는 급속한 근대화로 인해 전통 생활 모습을 하루아침에 잃어버려서 아이들은 서양의 관습보다 오히려 우리 전통문화를 더 낯설어 합니다. 3학년 2학기에는 우리 전통에 친근하게 다가갈 수 있는 책들을 읽혀 보시는 게 어떨까요?

이 동화는 전통적인 가신 신앙 집안 곳곳에 신령이 깃들어 살고 있으면서 집안 식구들의 무사 안위와 복을 맡고 있다고 믿는 것을 주제로 삼았습니다. 권 씨네 다섯 가신 집지킴이은 죄를 지어 천 년 동안 땅 속에 갇혀 있으라는 큰 벌을 받습니다. 그러나 천 년 만에 깨어나 보자 이미 야산도 없어지고 곳곳에 아파트 단지가 들어서 다른 모든 가신들은 이미 사라진 뒤였습니다. 갈 곳이 없어진 다섯 가신들은 결국 당산나무가 있는 초등학교에서 살게 되고, 집에서 살던 가신들이 학교에서 살면서 아이들과 벌이는 이야기가 흥미롭게 펼쳐집니다. 가신들은 권 씨의 자손인 창수를 도와주어 누명도 벗겨 주고 학교에 나무숲을 꾸며 주기도 합니다.

이렇게 천 년 만에 깨어난 다섯 가신성주나리, 터줏대감, 측간각시, 부뚜막신, 삼신할미이 현대의 초등학교에 살면서 벌어지는 흥미로운 사건들과 함께 초등학교와 관련하여 우리 사회에 팽배한 부정부패문구점에 도박성 오락기 설치, 단체 급식 재료 불량 문제 등에 대해 일침을 가하는 내용도 담겨 있습니다.

이 책이 주는 교훈은, 우리의 전통은 단순한 미신이 아니고 그 안에 우리 조상들의 생활의 지혜가 숨어 있다는 사실입니다. 우리 조상들은 자신들이 살고 있는 땅을 함부로 대하지 않았어요. 부뚜막, 대문, 변소, 우물 등에도 모두 신이 존재한다고 믿으며 조심스럽게 살폈던 거지요. 그런 정신이 자연을 소중하게 여기는 정신으로 발전할 수 있었던 겁니다. 이 책은 이야기가 흥미진진하게 전개되어서 아이들이 무척 재미있어 합니다.

전통이란 주제는 제가 가장 흥미를 느끼는 분야인데, 유정이가 초등학교에 입학하자 1년에 한 번 예절 교육에 주도적으로 참여할 시간이 생겼습니다. 이미 일상에서 우리 전통은 많이 사라져서 수업 시간에 따로 시간을 내서 되새겨 봐야만 하는 지경에 이르렀습니다. 유정이 학교에서는 1~2학년 때는 민속놀이를 주로 했습니다. 투호,

제기차기, 널뛰기, 줄넘기, 굴렁쇠 돌리기를 아이들이 직접 해보고 컴퓨터 게임이나 TV와는 또 다른 재미를 느끼게 하는 시간이었습니다. 3학년 때는 한복 제대로 갖춰 입기와 절하는 법을 배우는 시간이 있었습니다. 5학년 때는 다도 시간이 있었습니다. 저는 초등학교뿐 아니라 중·고등학교에도 이런 시간들이 있었으면 하는 바람입니다. 아이들이 주로 박물관에 전시되어 있는 그림을 통해서만 우리 옛 조상들의 삶을 엿볼 수 있다는 현실이 서글퍼지네요. 3학년 2학기에는 이 책 외에 『옛날 사람은 어떻게 살았을까』(조은수/창비)라는 책도 권해 드립니다. 이 책에서는 고누, 장기, 투호, 천렵, 씨름 등의 전통놀이를 한눈에 볼 수 있습니다. 미술책을 통해 이미 익숙해진 김홍도의 그림과 간송미술관에서 보고 온 신윤복의 풍속화와 해학적인 김득신의 그림도 실려 있습니다. 서양화와 다른 재료, 구도 등으로 처음에는 낯설지만 보면 볼수록 편안해지는 먹그림과, 부드러운 천연 재료로 인한 은은한 채색화는 강렬한 색에 익숙해진 우리 눈을 시원하게 씻어 줍니다. 국보급과 문화재급인 고서화를 편하게 내 집에서 볼 수 있다는 것만으로 소장가치가 있는 책입니다.

몇 년 전부터 『그리스·로마 신화』라는 만화책이 우리 아이들의 마음을 사로잡았어요. 정작 우리 신화에 대해서는 캄캄한 아이들! 우리 아이들이 꼭 알아야 할 우리의 전통 놀이, 전통 예술, 전통 설화. 제가 권해 드린 두 책을 어려워한다면 『삼신할머니와 아이들』(정하섭/창비)이란 책을 권해 드릴게요. 이 책이 약간 더 쉽답니다.

 **책 먹는 하마가 권하는 전통문화와 벽 허물기**

- 1단계 : 『우리 누나 시집가던 날』(김해원/중앙출판사), 『바리 공주』(김승희/비룡소), 『똥떡』(이춘희/언어세상), 『야광귀신』(이춘희/언어세상)
- 2단계 : 『관혼상제 재미있는 옛날 풍습』(우리누리/어린이중앙), 『황우양씨 막막부인/자청비와 문도령』(신은재/한겨레아이들)
- 3단계 : 『초등학생이 꼭 알아야 할 우리 민속 이야기』(우리누리/예림당)

[사회과 4학년 1학기] 우리 시·도의 발전하는 경제

『10원으로 배우는 경제 이야기』(나탈리 토르지만 외/영교)

아이들이 사회를 어려워하게 되는 계기는 4학년이 되어 축적 읽기와 등고선을 배울 때입니다. 4학년부터는 지도와 연표, 도표 읽기 등을 잘해야 합니다. 아이들이 3학년 때 그림지도 보는 법을 제대로 배우지 못하면 4학년 때 도표와 지도 읽기에 거부 반응을 보이게 되고 결국 수많은 지명과 각 지방별 특산물을 힘겹게 외운 끝에 문화재의 특징을 배울 때쯤이면 아예 사회를 포기하게 됩니다. 4학년 1학기부터 바짝 긴장을 해야 합니다. 사회의 꽃은 경제인데, 그 경제를 4학년 1학기부터 본격적으로 배우기 시작하기 때문입니다. 수업 시간에는 각 지방별 특

산물로 대표되는 여러 시·도의 자원과 생산 활동을 배웁니다.

　이 책은 초등학교 저학년 눈높이에 맞춰 어린이들이 그림을 통해 경제를 이해하기 쉽도록 구성되어 있습니다. 사실 초등학생용 경제교육서는 용돈 관리하는 방법을 가장 많이 소개하고 있는데 초등학생들에게 가장 필요한 경제 교육은 아이들에게 돈에 대한 올바른 가치관을 심어 주는 일입니다. 돈을 악의 근원으로 보거나 돈이 이 세상의 전부라고 생각하는 견해는 모두 적절하지 않습니다. 그러기 위해서는 돈을 제대로 알아야겠지요. 이 책은 돈의 역사에서부터 출발합니다. 돈이 왜 필요한지, 돈을 갖고 무엇을 할 수 있는지 등에 대해서 알아본 뒤 상인, 시장, 가격, 은행 등 돈과 관련된 경제 용어들에 대한 쉬운 설명을 시도합니다. 그리고 유로와 달러 등 화폐에 대한 설명으로 막을 내립니다. 또한 물물 교환의 역사, 유럽이 왜 단일 화폐인 유로를 사용하게 되었는지, 그리고 왜 달러가 다른 나라 돈보다 힘이 센지 등에 대해 설명하면서 경제사적인 접근도 시도하고 있습니다.

　요즘 아이들에게 "커서 뭐가 되고 싶니?"라고 물으면 "부자"라는 대답이 가장 많습니다. 부자는 결코 직업이 아닙니다. 어떻게 보면 우문이지요. "부자가 되려면 어떤 직업을 가져야겠니?"라고 물어야겠지요. 4학년 때 이 책을 읽고 아이가 경제에 관심을 느꼈다면 6학년 때는 문제 의식을 키워 주는 『부자 나라의 부자 아이, 가난한 나라의 가난한 아이』(장수하늘소/아이세움)라는 책을 읽혀 보세요.

 책 먹는 하마가 권하는 경제의 기본 개념을 배우는 책

- 1단계 : 『유대인들은 왜 부자가 되었나』(이혜진/문공사)
- 2단계 : 『부자 나라의 부자 아이, 가난한 나라의 가난한 아이』
  (장수하늘소/아이세움)
- 3단계 : 『열두 살에 부자가 된 키라』(보도 섀퍼/을파소)

[사회과 4학년 2학기] 문화재와 박물관

『한눈에 보는 우리 문화재』(김은하/웅진씽크빅)

4학년 2학기에 아이들이 새로 배우는 것은 옛 도읍지와 문화재입니다. 박물관의 종류와 하는 일을 배우고 박물관을 견학하고 문화재 현장 학습을 하고 세계적인 우리 문화재가 무엇인지 배우기도 합니다. 세계 문화유산으로 지정된 우리 문화재에 대해서 알아 보는 시간을 갖기도 합니다. '아는 만큼 보인다'라는 말이 있지요. 문화재를 보러 가기 전에 정보를 꼼꼼히 챙긴다면 단순한 유물이 아닌 조상들의 풍성한 삶과 만날 수 있을 것입니다.

도읍지의 유적을 따로 외우면 아주 힘듭니다. 왕조의 변천사와 연결시키면서 시대별 특징을 알아야 하겠지요. 또 우리 민족에게 가장 큰 영향을 미친 불교와의 관련성도 따져야 합니다. 그런 의미에서 사회 과목을 무조건 외우는 암기 과목으로 보는 견해는 잘못된 것입니다. 이 책은 경복궁, 조선왕조실록, 고려청자 등 문화재 12가지를 골라 다양한 방법으로 해설하고 있습니다. 문화재가 탄생하기까지의 역사적 배경과 함께 어떤 구조로 되어 있는지 자세히 설명하며 선명한 사진 자료도 함께 실었습니다. 또한 같은 종류의 다른 문화재에 대한 이야기도 적어 놓아 문화재 전반에 대한 흐름을 볼 수 있게 했지요.

전통 문화재가 사회 과목에서 어떤 식으로 연결이 되는지 설명해 드리겠습니다. 3학년 사회는 민속놀이와 전통문화에 초점을 맞춥니다. 놀이로 접근하는 것이지요. 이때는 옛날 생활 모습이 담긴 책을 읽거나 박물관, 민속촌을 견학하는 게 도움이 됩니다. 4학년은 지금 살펴보았듯 옛 도읍지와 나라, 문화재와 박물관을 공부합니다. 5학년은 우리 전통문화와 관련된 인문 환경보다 자연환경에 초점을 맞춥니다. 우리 조상이 어떻게 환경을 적응하고 이용했는지가 관심사지요.

 책 먹는 하마가 권하는 전통 문화재와 친해지는 책

- 1단계 : 『문화재에 얽힌 8가지 재미있는 이야기』(배수원/어린이작가정신)
- 2단계 : 『엄마랑 아빠랑 절에 갔어요』(홍주연/가교), 『우리 문화유산에는 어떤 비밀이 담겨 있을까』(햇살과나무꾼/채우리)
- 3단계 : 『차차차 부자의 고궁답사기』(전2권)(차준용, 차승목/미

래M&B), 『유물 속에 살아있는 동물 이야기』(전3권)
(박영수/영교출판)

이 책과 직접 연결되는 아래 서술형 평가 문제를 보세요. 이 문제를 풀기 위해서는 유적의 용도를 알아야 하고, 설명문을 쓸 수 있는 능력이 있어야 합니다. 초등학교 서술형 평가 시험은 확실히 통합교과적이지요.

[자료] 4학년 사회 서술형 논술형 평가 예시 문항

※ 다음 그림을 보고 물음에 답하시오.

종묘 　　　창덕궁 부용지 　　　경복궁 근정전

1. 위 유적들의 공통점을 쓰시오. (기본형)

2. 위의 유적들 중 한 곳을 골라 외국에 사는 친구에게 소개하는 글을 쓰시오. (심화형)

[사회과 5학년 1학기] 우리나라의 자연환경과 생활

『구석구석 우리 옛집』(오명숙/문학동네어린이)

  5학년 1학기 사회 시간에는 우리나라 자연환경과 생활 모습과의 관계를 파악하고, 자연의 효율적인 이용과 국토 개발 그리고 환경 보전의 중요성에 대해서 공부합니다. 환경에 대해서 본격적으로 관심을 가져야 하는 시기지요. 아이들이 가장 관심이 없는 분야가 환경입니다. 환경에 대해서는 도무지 알려고 하지 않아요. 자기와는 전혀 관계없는 딴 나라 이야기라고 치부하기 쉽습니다. 아이들의 무관심과 달리 환경 문제는 갈수록 중요해집니다. 물론 고등학교 과학과에서 생태와 환경이라는 이름으로 환경 문제를 다루기도 하지만, 사회 문제이기도 하기 때문에 문과와 이과를 통합하는 통합 교과 논술에서 특히 좋아하는 소재입니다. 환경에 관한 책들은 초등학교 때 미리 읽어 두는 것이 좋아요. 이 방면으로 독서 경험이 부족한 아이들은 커서 환경 문제의 논제가 나왔을 때 신문 기사나 칼럼 수준의 배경 지식을 떠올리지 못하는 경우가 많습니다. 환경오염 현실과 보호 방법에 대해서는 주로 과학 과목에서 다루지만 사회과에서는 인간과 환경의 실질적인 관계 형태를 다룹니다. 그중에서 5학년 1학기는 자연과 우리 조상들이 어떤 관계를 맺었는지 생활사의 관점에서 환경 문제를 다룹니다. 우리 조상들은 자연환경을 이용해 여러 형태의 집을 지었는데 그것이 기후와 지형에 따라 어떻게 달라졌는지를 배우는 것이지요.

  이 책은 체험 학습 때 들고 다니며 요긴하게 활용할 수 있는 『나는

박물관이 좋다』시리즈 중 다섯 번째 작품입니다. 집이라면 아파트가 전부인 줄 아는 요즘 아이들에게 이 책은, 우리 옛집의 아늑함과 우수한 과학성을 깨닫게 해줍니다. 덤으로 집 속에 담긴 우리 조상들의 자연 친화적 삶의 태도를 느끼게 해주기도 합니다. 가벼운 스프링북 형태의 워크북인데 아이들이 직접 들고 다니며 메모하기도 편하고, 책 뒤편에는 종이봉투가 달려 있어 안내문이나 지도를 넣을 수 있도록 했답니다.

아이들이 5학년 사회 과목에서 이 부분을 어려워하는 것은 당연합니다. 아스팔트 위에서 태어나 아파트만 보고 자란 아이들은 우리 전통 가옥의 구조가 UFO처럼 신기해 보일지 모릅니다. 이 책을 활용하는 가장 좋은 방법은, 이 책을 들고 남산 한옥마을, 북촌 한옥마을, 국립민속박물관, 안동 하회마을 등을 현장 체험 학습으로 다녀오는 것입니다. 역시 백문이 불여일견이겠지요.

 책 먹는 하마가 권하는 환경과 전통 생활의 관계

- 1단계 :『집짓기』(홍성찬, 강영환/보림)
- 2단계 :『우리나라 오천년 이야기 생활사 1(세상 이야기)』
  (원영주/계림닷컴),『우리 조상들의 의식주 이야기』
  (표시정/다산교육)
- 3단계 :『주강현의 우리 문화』(전2권)(주강현/아이세움)

[사회과 5학년 2학기] 정보화 시대의 생활과 산업

『미래 과학 사전』(김경선/계림닷컴)

　5학년 2학기 사회의 굵직한 테마는 경제와 미래입니다. 우리나라의 급속한 경제 성장에 대해서 배우고 경제 발전이 어떤 식으로 전개되었는지 그리고 세계 속의 우리 경제의 위상은 어떠한지에 대해서 배웁니다. 그리고 '정보화 시대의 생활과 산업'이란 단원에서는 첨단 IT 산업이 어떻게 발달했고 우리 생활을 어떻게 바꾸었는지 배웁니다. 그리고 '우리 겨레의 생활 문화' 파트에서는 조상들의 멋과 슬기를 민속 문화를 통해서 배우는 시간을 가져 봅니다. 컴퓨터와 휴대폰에 익숙한 아이들은 첨단 정보화 사회에 관심을 보이기 쉽겠지요. 하지만 로봇, 나노, 우주, 인공 지능, 사이버 스페이스 등의 미래 사회 키워드에 대해서 아이들은 의외로 약합니다. 정보화 사회의 과실을 즐길 줄만 알았지 그것이 구체적으로 어떤 형태이고 자신들의 삶을 어떻게 바꿔 놓을지에 대해서는 별로 관심도 없고 이해도 부족한 것이 현실입니다.

　이 주제는 과학에서 다루어야 할 영역이지만 과학 과목에서도 이들 주제에 대해서 자세하게 가르쳐 주지 않습니다. 초등 과학은 원리와 개념 중심이기 때문에 학생들에게 그동안 이루어 놓은 성과를 알려 주기만 급급했지 우리 미래의 모습에 대해 알기 쉽게 설명하려는 노력을 기울이지는 않습니다.

　급격한 사회 변화와 과학 기술의 발달, 통신 산업의 발달은 우리의

삶에 어떤 변화를 몰고 왔을까요? 이 책은 통합 논술 시험에 나올만한 이런 묵직한 주제를 키워드 중심으로 그림과 함께 쉽게 전달하고 있습니다. 정보화 사회의 장점은 생활이 편리해진 것, 인간을 괴롭히는 질병으로부터 해방되는 것 등이 있겠지요. 반면 우리가 잃은 것은 사생활의 침해, 인간 소외의 심화 등일 것입니다. 아이들은 키워드와 그에 대한 해설을 재미있게 읽으면서 이런 문제에 대해서 고민할 기회를 갖습니다. 개념 중심의 독서가 선행독서의 의미와 제일 잘 맞습니다. 소설에서는 지식을 습득하기가 쉽지 않지만 이런 방식으로 구성된 책을 읽으면 내가 그 분야에 대해 많이 알게 된 느낌을 주거든요. 아이들과 이 책을 읽고 이런 독후 활동도 가능합니다. "엄마가 컴맹이라 잘 몰라서 그러는데 '웨어러블 컴퓨터입는 컴퓨터'가 뭔지 설명해 줄래?" 이런 식으로 물으면 아이는 엄마에게 자신의 지식을 자랑하면서 자신감도 갖게 됩니다. 아이가 미래 사회에 대해서 관심을 갖게 되면 TV 다큐멘터리나 「가타카Cattaca」 같은 미래 사회를 다룬 영화를 함께 감상하는 것도 추천합니다.

추천도서 책 먹는 하마가 권하는 미래 사회 엿보기

- 1단계 : 『비밀의 계단』 (한혜영/예림당)
- 2단계 : 『미래는 어떻게 시작될까?』 (앤터니 윌슨/다섯수레)
- 3단계 : 『어떻게 로봇을 만들까?』 (클리브 기포드/사이언스북스)

[사회과 6학년 1학기] 외세의 침략과 우리 민족의 대응

『천년 와불의 비밀』(최인영/대교출판)

6학년 1학기 사회 시간의 핵심 키워드는 국사입니다. 1학기 사회 전체가 우리 역사를 다루고 있어요. 우리 민족의 탄생에서부터 민족을 재통일한 고려를 거쳐 대한민국 수립과 발전에 이르기까지 자세하게 다룹니다. 중세를 거쳐 근·현대사까지 이르는 과정의 기록이 핵심이지요. 그중에서도 근대화의 과정에 가장 많은 지면이 할애되고 있는데 외세의 침략과 우리의 대응이라는 관점에서 근대사를 서술합니다.

아이들이 가장 약점을 보이는 게 역사라고 말씀드렸습니다. 그런데 역사를 부분적으로 배우는 게 아니라 이렇게 몰아서 배우니 더 부담스러워합니다. 그래서 6학년이 되기 전까지 틈틈이 역사책도 읽고 역사 속 인물의 위인전을 읽어야 할 필요가 있습니다. 5학년 2학기 겨울 방학에 『(사진과 그림으로 보는)한국사편지』(전5권)를 읽고 수업에 임한다면 가장 이상적이겠지요. 역사책 읽기도 수학처럼 단계가 있습니다. 요즘 드라마 「주몽」으로 고구려에 대한 관심이 높아졌어요. 가령 고구려에 대해 공부를 한다면 처음부터 참고서를 볼 것이 아니라 사계절에서 펴낸 『한국생활사박물관』 시리즈 중 하나인 『고구려생활관』을 먼저 봅니다. 지도를 비롯해 시각적인 자료가 컬러로 풍부하게 갖춰져 있기 때문에 아이들 머릿속에 이미지가 먼저 그려집니다. 그다음에는 『고구려의 아이』(신현득/대교출판), 『대륙의

꿈 주몽』(김종렬/베틀북), 『광개토 대왕』(전2권)(김선희/꿈소담이), 『고구려의 영웅 연개소문』(김남석/영림카디널)을 읽은 후 마무리는 『중국을 물리친 고구려 성』(현무와 주작/중앙M&B)으로 하면 됩니다.

백제, 신라, 발해, 고려, 조선 또한 종적으로 큰 줄기를 세우는 것뿐만 아니라 횡적으로도 다양한 책 읽기가 선행된다면, 아이들은 어렵지 않게 역사에 다가설 수 있을 것입니다.

이 책에서 초등학생인 해성이와 탄구는 천 년 전 고려 시대 항몽 투쟁의 현장에도 가고 조선 시대 임진왜란 의병 활동도 보고 일본 침략기에 동학 혁명을 일으킨 해성이의 고조할아버지도 만납니다. 일종의 시간 여행 형식을 빌린 역사 동화인 것이지요. 미국에서 자라 우리 문화에 관심이 없던 해성이지만 이 일을 통해 와불새 세상이 열린다는 의미를 지닌 고려 시대에 만든 석불의 의미도 되새기게 되고 우리 역사도 알게 됩니다. 6학년 1학기 역사에서 특히 강조하는 통일 신라 말부터 조선 시대까지의 중요한 역사적 사건을 무리 없이 잘 소화하고 있어서, 아이가 이 책을 읽어 낸다면 6학년 1학기 사회를 거의 이해했다고 볼 수 있습니다. 이제 추천 리스트입니다. 제가 역사를 워낙 좋아하다 보니 책을 많이 추천했네요.

 책 먹는 하마가 권하는 역사 기본 갖추기

- 1단계 : 『만화 한국사 이야기』(전7권)(이이화/삼성출판사)
- 2단계 : 『한국생활사박물관』(전12권)(편집부/사계절출판사), 『아! 그렇구나 우리 역사 1 : 원시시대』(송호정/여유당), 『조선의 여걸 박씨부인』(정출헌/한겨레아이들), 『바다의 사자 안용복』(이주홍/우리교육)
- 3단계 : 『화랑 바도루』(강숙인/푸른책들), 『마사코의 질문(손연자/푸른책들), 『수원화성과 정약용』(이정범/서강출판사), 『강화도의 서양 함대와 대원군』(이정범/서강출판사), 『동학과 녹두 장군 전봉준』(이정범/서강출판사), 『못자국』(현길언/계수나무)

[사회과 6학년 2학기] 우리나라의 민주 정치

『재미있는 정치 이야기』(조항록/가나출판사)

6학년 2학기 사회는 정치를 중심으로 돌아갑니다. 민주주의에 대해서 원리를 배우고 어떻게 구현되는지 공부합니다. 나라 일을 맡아서 하는 기관들은 어떤 게 있고 국민의 권리와 의무는 무엇인지를 배웁니다. 민주주의를 공부하고 세계를 보는 눈을 키웁니다. '함께 살아가는 세계'라는 단원은 지구촌이라는 개념을 알고, 우리나라가 다른 나라들과 어떤 관계를 맺고 있는지 알아보는 시간입니다. 세계

속에서 우리가 할 일에 대해서 점검해 보고 마지막으로 통일과 민족의 앞날에 대해서 진지하게 생각해 봅니다.

어머니들 기준으로는 정치가 경제보다 쉬울 것이라고 생각하시죠? 하지만 정치가 일상이었던 386세대와 지금은 전혀 다른 것 같아요. 매일 최루탄이 날아다니고 대학가가 정치 구호로 뒤덮인 시절에 청춘을 보낸 여러분들과, 대통령과 대통령 후보 그리고 유엔 사무총장 외에는 아는 정치인 이름이 거의 없는 신세대들은 분명히 정치에 대한 관심이나 지식에서 다를 수밖에 없습니다. 요즘 아이들은 정치에 정말 무관심합니다. 고등학생들의 논술을 지도하는 남편 말로는 상위권 학생에게 한미 FTA를 다룬 한겨레신문 사설과 조선일보 사설을 제목과 신문사 이름을 가리고 보여 주었더니 한겨레신문 사설을 조선일보 사설로, 조선일보 사설을 한겨레신문 사설로 오인했다고 하더군요. 남편 말로는 "노무현 대통령을 공격하는 게 보수 아니냐? 왜 보수가 한미 FTA를 지지하느냐, 선생님이 우리를 놀리는 거 아니냐"고 되레 따졌다는군요. 정치에 대한 무관심은 사회 이슈에 대한 무관심을 낳습니다. 6학년 2학기 사회가 결국 나중에 고등학교 논술 실력도 결정한다고 해도 과언이 아닐 겁니다.

이 책은 그런 의미에서 6학년 2학기 전에 읽어 둔다면 나중에 고등학교 올라가서 논술 공부할 때도 도움이 많이 될 겁니다. 목차를 보여 드리면 이 책의 성격과 장점이 그대로 드러날 거예요.

목 차 제1장 민주주의 / 제2장 선거 / 제3장 대통령과 정부 / 제4장 국회와 법원 / 제5장 정당과 국회의원 / 제6장 국민과 정치

아이들이 '정치'에 약한 이유는 문제나 갈등에 대해서 별로 의식이 없기 때문입니다. 정치는 '사람들 사이에서 문제가 발생했을 때 그것을 공평하게 해결해 주는 역할'을 하는 것입니다. 아이들 세계에도 문제가 있으면 그 문제를 해결하기 위해 노력하는 과정이 바로 정치인 것이지요. 정치가 바로 우리 생활 그 자체라고 이야기를 해주세요. 아이들은 정치를 보다 친근하게 느낄 수 있을 겁니다.

문답식으로 구성되어 있는 이 책은 시민 단체는 무슨 일을 하는 곳인지 어떤 사람이 대통령 될 자격이 있는지 몇 살이 되어야 선거를 할 수 있는지 등의 정치 영역과, 민사 재판과 형사 재판의 차이는 무엇인지 헌법에는 어떤 내용이 담겨 있는지 등의 법 영역을 다루고 있습니다. 6학년 2학기 사회 교과서 1단원 내용이 거의 담겨 있기 때문에 여름 방학 끝 무렵에 예습을 위해 읽는 것도 좋을 거예요.

 추천도서 　책 먹는 하마가 권하는 정치 개념 쉽게 접근하기

- 1단계 : 『도둑에게 고소당한 알리바바』(장수하늘소/아이세움)
- 2단계 : 『우리 민주주의가 신났어!』(장수하늘소/아이세움)
- 3단계 : 『어찌 이방이 사또를 치리오』(김광수/사계절)

03 과학과 선행독서 이렇게 하라

요즘 초등학교 과학 교과는 여러분이 초등학교 때 배운 자연과 많이 달라졌어요. 과학은 1~2학년에는 배우지 않다가 3학년이 되면 과학과 실험 관찰로 나누어 배웁니다. 물리-화학-생물-지구 과학 등 고등학교에서 배우는 4과목의 기초 버전을 초등 단계에서 배운다고 생각하시면 됩니다. 사회과와 달리 한 학기마다 4영역을 골고루 배웁니다. 7차 교육 과정에서는 초등학교 3학년부터 고등학교 1학년까지의 과학 과정이 모두 연결돼 있어요. 하나의 과정으로 보시면 됩니다. 계속 연결이 되기 때문에 기초가 부실하면 올라갈수록 만회하기가 힘든 법입니다. 고2 때부터 물리-화학-생물-지구 과학으로 나눠 이과생들이 수강을 하지요. 예전에는 문과생도 이과 과목을 선택 과목으로 들었는데 7차에서는 문과생들이 이과 과목을 하나도 택하지 않고 졸업할 수 있는 길이 생겼어요. 8차에서는 과학 과목을 선택이 아닌 필수로 인정해 달라고 과학 기술계가 주장했는데 결국 받아들여지지 않아 여전히 문과생들이 피할 수 있게 됐답니다. 국가 경쟁력 차원에서 봤을 때 참 실망스러운 결정이라는 생각을 했어요. 통합의 시대이기 때문에 문과생들도 물리-생물 등의 과학 과목에 좀 더 관심을 가져야 한다고 생각합니다. 통합은 이미 시대적으로는 대세라는 생각입니다. 예를 들어 국문과도 게임이라는 IT 산업과 손을 잡고 디지털 콘텐츠 학과로 변신하잖아요. 세상은 그렇게 돌아가는

데 왜 여전히 문과생들은 문학과 역사를 공부하고 이과생들은 생물과 물리만을 공부해야 하나요? 반쪽만 아는 아이들이 사회에 쏟아지면 우리 사회 경쟁력은 어떻게 확보될 수 있을까요?

과학 독서는 개념 중심의 읽기가 한층 더 필요합니다. 개념을 쉽게 이해하기 위해서 책을 읽는 것이거든요. 아이들에게 과학은 어려운 학문이 아니라 생활과 밀착돼 있다는 사실을 알려 주기 위한 것이기 때문에 눈높이와 난이도를 제일 먼저 따져야 합니다. 수업 시간에 실험과 관찰을 진행할 때 이론에 대한 사전 지식이 있느냐 없느냐에 따라 이해도가 결정적으로 다르기 때문에 수업 시간에 다룰 법칙의 이론과 배경을 이야기체로 쉽게 풀어 설명한 책을 골라야 합니다. 핵심이 되는 기본 원리와 법칙은 시간이 걸리더라도 제대로 알고 지나가야 합니다. 기초가 튼튼하지 않으면 응용을 할 수 없기 때문입니다. 그리고 '왜?'와 '어떻게?'를 강조하는 내용 전개로 학생들의 자연현상에 대한 흥미와 호기심을 일깨워 줘야 합니다. 그러므로 실생활과 자신이 배운 과학 지식을 연결해 과학적인 사고를 키울 수 있도록 도와주는 책이 좋습니다. 과학 과목은 가장 논리적이고 합리적입니다. 이미 존재하는 자연현상을 탐구해서 객관적인 진리를 증명하는 일이기 때문이지요. 과학을 잘하면 당연히 논리적이 되고 그렇게 논리적 사고력이 쌓이면 나중에 논술 시험에도 크게 도움이 되겠지요. 구체적으로 어떤 책이 좋은지는 각론에서 말씀드리고요. 우선 초등학교 과학에서 무엇을 배우는지 알아볼까요? 다음 표를 보세요. 에너지가 물리, 물질이 화학, 생명이 생물, 지구가 지구과학이랍니다.

[표] 과학과 주요 학습 요소

영역	학습 요소	선행독서가 필요한 부분
에너지	속력 열, 빛 힘 운동 전기 전자석	물리법칙을 쉽게 설명한 과학 동화, 과학자 위인전 등을 폭넓게 읽고, 생활 속에서 과학적 원리를 깨닫는 지혜를 갖춘다.
물질	물질의 상태와 성질 물질의 특성 및 구성 혼합물 용액	재미있는 실험이 소개된 책을 통해 물질의 성질과 상태를 이해하고, 생활필수품에 활용되는 물질에 관심을 갖는다.
생명	동식물의 한살이 동물의 생김새 몸의 기관 생식	꽃 이야기를 들려주고 식물에 대한 관심을 싹 틔우며, 관찰 일기 도서를 읽은 후, 실제로 관찰 일기를 쓰는 활동을 함으로써 생명체에 대한 관찰력과 관심을 기른다.
지구	물, 돌, 흙 강과 바다 날씨 지층 화석 계절 변화	날씨, 별자리, 태양계, 화석과 관련된 책을 읽고 지구 환경이 우리의 삶과 밀접한 관계가 있음을 안다.

그러면 학기별로 분석하기 전에 학년에 관계없이 엄마와 자녀가 함께 읽을 수 있는 과학책에 대해서 말씀드리겠습니다. 저는 3단계를 추천합니다.

사진보다 세밀화가 좋아요

과학의 시작은 주변을 관찰하는 것입니다. 도시에서 사는 사람이 주변의 자연을 관찰하는 일은 힘들어요. 그래서 엄마들은 아이들에게 학습 도감, 백과사전을 많이 사줍니다. 거기에 나온 동물, 식물을 간접적으로 관찰하라는 거죠. 저는 이런 사진보다는 사람이 직접 그린 세밀화가 아이들에게 낫다고 봅니다. 사진에서 느낄 수 없는 정감이 느껴지기 때문입니다. 정확도에서도 사진보다 세밀화가 뛰어나다고 합니다. 국립수목원 세밀화실의 권순남씨는 "사진으로 담을 수 없는 자세하고 종합적인 정보를 세밀화 한 장에 담는다"며 "그림이라기보다 기록이라고 할 수 있다"고 말했습니다. 사진은 초점이 안 맞는 부분은 흐리게 나오거나 찍는 각도에 따라 대상의 일부만 정확히 나오지만, 세밀화는 이 같은 결함을 극복하게 해준다는 것이지요.

 **책 먹는 하마가 권하는 과학의 시작은 관찰부터**

● 1단계 : 『나의 봄·여름·가을·겨울』(린리쥔/베틀북)

- 2단계 : 『신기한 식물일기』(크리스티나 비외르크/미래사), 『어린이 식물도감』(정민/함께)
- 3단계 : 『세밀화로 그린 도감』 시리즈(보리)

과학을 개괄적으로 다룬 입문서로 과학과 친해지자

초등 시절에 아이는 어떤 과목이든지 가까이 있는 부모에게 질문하기 쉽습니다. 엄마가 가장 답해 주기 어려운 과목이 바로 과학이지요. 그래서 학부모는 세밀한 법칙이나 공식에 들어가기 전에 전반적으로 과학에 대해 다룬 책을 꼭 읽을 필요가 있습니다. 모르는 것은 솔직히 모른다고 말하고 아이와 함께 답을 찾아가는 것도 공부하는 과정이지만 매번 아이를 실망시킬 수는 없지 않습니까? 제가 엄마들에게 강추하는 과학책은 『요리로 만나는 과학 교과서』(이영미 외/부키)입니다. 부엌에서 행해지는 요리의 원리를 과학적인 설명으로 쉽게 풀어 간 책인데 꼭 읽어 보세요. 초등학생인 딸과 주고받는 대화문이기 때문에 쉽게 몰입이 되고, 도표와 사진이 단순하면서도 명료하게 되어 있습니다. 각 챕터마다 요리로 하는 실험 과정이 사진과 함께 자세히 설명되어 있습니다. 다른 책들도 몇 권 소개해 드릴게요. 2006년도에 중국의 유인 우주선 '선저후호'의 발사 성공에 자극을 받아 우리나라도 우주인 선발을 했지요. 시사 이슈에 맞물려서 저와 유정이가 재미있게 읽은 책은 『좌충우돌 우주 이야기』(정홍

철/진선출판사)입니다. 아쉽게도 절판이 되었는데 주변 도서관에서라도 꼭 읽어 보시기 바랍니다. 우리나라 최고 과학자 21명이 아이들 질문에 성심성의껏 답변한『얘들아, 세상에서 가장 궁금한 게 뭐니?』(편집부/토토북)도 권해 드립니다. 인물 이야기이기 때문에 아이들이 쉽게 빠져 듭니다. 남극 탐험을 재미있게 풀어 간 장순근 박사, 석유를 대신할 미래 에너지를 개발하고 있는 강주명 박사, 로봇 개발에 열을 올리고 있는 김문상 박사까지 우리나라 과학 기술의 현주소를 알려 주는 책입니다.

과학 전문 시리즈에 도전하자

사실 학부모들은 과학책들을 단행본이 아니라 시리즈물로 구입하는 추세입니다. 초등학생들에게는 시리즈물이 조금 어려워서 추천하지 않으려고 했는데 많은 분들이 과학 시리즈에 관심을 갖고 있어 간단히 설명을 드리려고 합니다. 저는『과학자들이 들려주는 과학 이야기』시리즈(자음과모음)랑 개인적으로 인연 전문가 리뷰어로 홈쇼핑 방송에서 활동이 있습니다. 워낙 유명한 시리즈지만 그런 사적인 인연 때문에 책 선전이 될 것 같아 조심스럽게 말씀드리려고 합니다. 이 시리즈는 아이들 눈높이에 맞는 과학 동화 백과사전이라고 정의 내릴 수 있습니다. 과학사에서 꼭 알고 있어야 할 법칙을 총망라하고 있습니다. 물론 초등 수준을 넘어서 고등학교 수준까지 다루고 있지요. 유명 법칙을 밝힌 과학자들이 직접 들려주는 강의 형식으로 구성되어 있습니다. 과학사와 과학 법칙을 동시에 배울 수 있는 것이 장점이지요. 철저하게 교과서와 연계돼 있어 학과 공부에 많은 도움이 됩니다. 과학은 실험이 아주 중요한데, 학교에서 실험을 다 할 수는 없지요. 학교에서 행해지는 실험들을 이 책은 그림으로 설명하고 있습니다. 꼭 이 시리즈가 아니더라도 좋습니다. 내 아이가 과학에 흥미를 느낀다면, 그리고 어느 정도 배경 지식이 갖춰져 있다면 마지막 단계에서 과학 시리즈물에 총체적으로 도전해 보는 것도 좋습니다. 원리, 과학자 등의 일면만 다룬 시리즈보다는 과학사와 과학자의 삶 그리고 과학 개념 여기에 현대 과학 기술의 흐름까지 포착한 시리즈라면 금상첨화겠지요을 모두 아우르는 시리즈물이 더 좋겠지요.

[과학과 3학년 1학기] 자석 놀이

『자석 수수께끼를 풀어라』(레베카 카미/비룡소)

3학년 1학기 과학 시간에는 우리 주위의 물질로 시작합니다. 고체와 액체를 구분하는 법을 배우지요. 그다음은 자석 놀이입니다. 아이들이 자석의 성질과 북극-남극, 인력-척력 등의 개념을 특히 어려워해서 1학기에서 자세히 짚고 넘어가야 할 개념으로 자석 놀이를 택했습니다. 그밖에 1학기에서 배우는 '소중한 공기', '온도 재기', '날씨와 우리 생활', '물에 사는 생물', '초파리의 한살이' 등은 그렇게 어렵지 않습니다. 하지만 자석은 6학년 때 전자석이라는 개념으로 심화 학습을 하게 되는데 3학년 때 제대로 개념을 이해하지 못하면 그때 진도를 따라가기가 어렵습니다.

 이 책은 과학 그림책으로 세계적인 명성을 얻은 『신기한 스쿨버스』 시리즈의 다음 단계라고 생각하시면 됩니다. 작가는 달라졌지만 등장인물은 프리즐 선생님과 반 아이들 그대로입니다. 핸드북 사이즈로 들고 다니기 편하게 만들어졌습니다. 오니틀리 선생님 반과 프리즐 선생님 반이 자석 수수께끼 시합을 벌이는 내용입니다. 항상 오니틀리 선생님 반에게 졌기 때문에 프리즐 선생님 반 아이들은 이번 시합만큼은 꼭 이기고 싶어 하지요. 프리즐 선생님은 언제나처럼 아이들이 직접 경험해서 몸으로 체득하는 과학을 지향합니다. 이번에도 커다란 말굽자석을 들고 와 자석의 가장 큰 특징인 끌어당기는 힘인력을 직접 눈앞에서 보여 줍니다. 『신기한 스쿨버스』 시리즈의 장점은 아이들이 직접 그 대상이 되어 본다는 점에 있지요. 이번에는 선생님과 아이들이 쇳가루로 변신했네요. 이런 시도가 아이들이 과학에 친근감을 느끼게 만드는 요소라고 생각됩니다. 아이들은 '극'이라는 개념을 어려워하는데 이번에는 아이들의 몸이 서로 붙거나 튕겨져 나가는 현상으로 극 개념을 설명하고 있습니다. 자석이 반대 극끼리는 당기고 같은 극끼리는 밀쳐 내는 힘척력을 갖고 있다는 것을 몸으로 체험하게 된답니다. 세상에서 가장 큰 자석은 무엇일까요? 바로 지구랍니다. 지구 중심에 녹아 있는 철 때문에 지구가 자기장을 띠게 되었기 때문이지요. 이런 내용들을 재미있게 배울 수 있답니다.

 **추천도서** 책 먹는 하마가 권하는 놀이로 배우는 자석 성질 이해하기

- 1단계 : 『나침반(북쪽을 가리키는 길잡이 자석)』(올리비에 소즈로/길벗어린이)
- 2단계 : 『자석과 전자석 춘천 가는 기차를 타다』(장병기/디딤돌)
- 3단계 : 『길버트가 들려주는 자석 이야기』(정완상/자음과모음)
  『자석은 마술쟁이』(테리 디어리/김영사)

[과학과 3학년 2학기] 식물의 잎과 줄기 관찰

『나는 둥그배미야』(김용택/푸른숲)

3학년 2학기 과학 시간에는 '식물의 잎과 줄기', '빛의 성질', '지구와 달', '소리의 현상' 등을 배웁니다. 아이들은 첫 단계에서 막힙니다. 아이들은 동물보다 식물을 더 어려워하기 때문입니다. 동물은 동물원도 있고 집에서 애완동물도 길러 아이들에게 친숙하지만 식물은 관심을 가지고 관찰 일기를 써보기 전에는 그냥 정물화에 불과합니다. 나무는 항상 그 자리에 있는 거고 꽃은 필 때 알아서 피는 정물화인 것이지요. 요즘 아이들이 식물에 대해서 얼마나 무감각한지 저는 제 딸의 사례를 통해 여실히 확인할 수 있었습니다.

딸아이가 초등학교 2학년 때였나 봐요. 기차를 타고 지나는데 창밖으로 논이 파랗게 펼쳐지고 있었습니다.

"엄마, 저기 잔디는 되게 키가 크다!"

순간 주위에 누가 듣고 웃을까 얼굴이 화끈거렸습니다. 친가, 외가 모두 서울이고 아스팔트 위에서 자랐지만 벼가 자란 논을 보고 잔디밭이라고 하다니……. 이러고도 매일 식탁에 올라오는 쌀밥을 맛있게 먹을 자격이 있다고 할 수 있는지 부끄러웠습니다. 그때 저는 충격을 받고 집에 와서 벼농사에 관한 적당한 책을 찾았지만 없었습니다. 식물에 대해서 제대로 가르쳐 주려고 마음은 먹었는데 마땅한 책을 발견하지 못해 실천에 못 옮기고 있었지요. 그런데 그해 가을에 반갑게 찾은 책이 바로 이 책이었습니다. 아이뿐만 아니라 저에게도 뜻 깊은 공부가 된 책이었습니다. '섬진강 시인'이라는 별명으로 유명한 김용택 시인이 우리처럼 벼농사도 모르고 어떻게 해서 쌀밥이 식탁에 오르는지도 모르는 무지몽매한 사람들에게 논 이야기를 들려줍니다. 선생님의 입말이 구수해서 소화가 잘 되었답니다.

저자는 아이들에게 오랜 세월 우리 식생활의 근본이 되어 준 쌀에 관한 이야기, 노동의 터전이자 놀이 마당이었던 논에 관한 이야기를 차근차근 들려줍니다. 화자는 논입니다. '배미'는 논을 세거나 부를 때 쓰는 우리말이지요. '둥그'는 '둥그렇게' 생겼다는 뜻이고요. 둥그스름하게 생긴 논이라고 해서 '둥그배미'라는 이름을 붙였습니다.

논농사를 지으며 살아가는 사람들의 이야기도 빼놓을 수 없습니다. 시인답게 리듬감에 실어 물싸움, 논을 사랑하는 농민들의 마음, 우리 먹거리의 소중함 등을 전하고 있습니다. 아이들은 논과 쌀에 대한 과학적 지식도 얻지만 우리 민족의 정겨운 공동체 풍경도 느낄 수 있습니다.

참고로 식물은 학년마다 업그레이드되면서 계속 다뤄집니다. 집에서 당장 화초라도 키워야 할 명분을 제공하는 셈이지요.

4-1 과학 6단원. 식물의 뿌리 : 뿌리의 생김새와 하는 일, 식물에서 물의 이동

5-1 과학 5단원. 꽃 : 꽃의 구조

　　　　　7단원. 식물의 잎이 하는 일 : 잎의 광합성과 증산과정

5-2 과학 1단원. 환경과 생물 : 환경(온도, 빛, 물의 양)이 생물에 미치는 영향 알기

6학년 때는 식물 분류 하는 것 배움

 책 먹는 하마가 권하는 친근한 식물의 세계

- 1단계 : 『초등학생이 가장 궁금해하는 숨겨진 식물 이야기 30』(장수하늘소/두산동아)
- 2단계 : 『달맞이꽃은 왜 밤에만 필까』(김은하/아이세움)
- 3단계 : 『식물의 세계는 신비로워라』(장수하늘소/채우리), 『식물일기』(하니 샤보오/진선출판사)

[과학과 4학년 1학기] 별자리를 찾아서

『숨은 별자리 찾기』(한스 아우구스토 레이/비룡소)

4학년 1학기 과학에서 '수평 잡기', '생활 속에서 발견할 수 있는 액체', '전구의 불 켜짐', '강낭콩 씨앗 관찰하기', '혼합물 분리하기', '식물의 뿌리 관찰하기', '강과 바다의 모습과 특징 이해하기'까지는 그렇게 어려운 내용이 없습니다. 3학년 때부터 배웠고 아이들이 흥미를 느낄 만한 소재들이니까요. 하지만 마지막 단원인 '별자리를 찾아서'에 이르면 상황은 달라집니다. 별자리는 4학년 1학기에 처음 등장하기 때문입니다. 서울이든 시골이든 공기가 탁해져서 요즘 아이들에게는 별을 구경하는 일 자체가 어려워졌습니다. 별자리를 봐야 아름다움을 느끼든지 할 텐데 아예 그 기회가 차단돼 버린 것이지요. 별자리 이야기에 흥미를 느끼신 예전 부모님들 세대와 달리 요즘 아이들에게 별자리는 어려운 과학 과목 그 이상이 아닙니다.

이 책은 그림책처럼 보이지만 내용은 의외로 알차답니다. 별자리의 유래를 단순하게 설명하는 게 아니라 별자리를 찾는 방법에 대해서 아이들이 스스로 알아 가게끔 해 줍니다. 두 명의 아이가 등장해 대화하는 방식으로 진행되는데 별자리의 종류와 유래, 별들의 밝기에 따른 등급의 설정, 광년, 계절별 위치 변화 등의 개념을 확실하게 잡아 줍니다. 아이들 눈높이에서 쉽게 풀어 설명하면서 어려운 단어나 개념이 나오면 보충 설명을 달아 주고 있습니다. 지루하지 않게 퀴즈도 들어가 있습니다.

그나마 별자리 유래는 아이들이 쉽게 받아들이는 편인데 그 이유는 최근 몇 년 새 붐을 이뤘던 만화로 된 『그리스·로마 신화』 열풍 덕분이라고 생각합니다. 안드로메다, 오리온, 북두칠성 등을 다 만화에서 접했기 때문이지요. 저자의 경력도 독특한데 언어 철학과 과학을 전공해서 천문학 교수로 학생들을 가르쳤답니다. 그러면서 『개구쟁이 꼬마 원숭이』라는 세계적으로 유명한 시리즈를 내기도 했지요.

4학년 때 별자리를 배우고 나면 5학년에는 과학 7단원 '태양의 가족'에서 우리 태양계를 이루는 여러 행성의 크기, 거리, 특징을 배우게 됩니다. 그때 제가 유정이에게 권한 책이 『끝없는 우주』(메리 폽 어즈번/비룡소)였습니다. 유정이는 아빠를 닮아서 영어와 수학을 좋아하고 역사나 과학에는 상대적으로 관심이 적은 편이었습니다. 어떻게 하면 유정이에게 과학과 역사에 흥미를 느끼게 할까가 저의 관심사였습니다. 유정이가 유아기일 때는 점선을 연결해서 그림을 완성하는 책인 『우주의 전사』(팀 퍼니스/그린북:절판)라는 책을 사서 우주 개발 역사에 남을 우주선들을 다 그려보게 했습니다.

그후에는 유정이는 『신기한 스쿨버스 4:태양계에서 길을 잃다』(조애너 콜/비룡소)를 읽었습니다. 3학년이 되어서는 『개들도 학교에 가고 싶다』(임정진/푸른책들)를 읽었습니다. 아이들에게 과학에 관심을 갖게 해 주려고 꼭 과학책만 고집할 필요는 없습니다. 자연스럽게 이야기 속에 주제가 녹아져 있는 동화책을 권하는 것도 한 방법입니다. 『개들도 학교에 가고 싶다』는 동네 개들이 커다란 깔대기를 목에 쓰고 나타난 낯선 개를 우주견이라고 상상하는 데에서 비롯됩니다. 동네 개들은 구소련이 우주 개발을 위해 1957년 11월 3일 스푸트니크 2호 우주선에 태워 보낸 그 개가 그 때 죽지 않고 살아 돌아온 것으로 생각한 것이지요. 실제로 그 개는 대기권에서 지구로 진입할 때 불에 타는 고통을 겪지 않게 하려고 독극물을 투여해서 우주에서 죽게 했습니다. 이후 스푸트니크 5호가 다른 개들을 태우고 무사히 귀환한 덕분에 마침내 구소련은 미국보다 먼저 1961년 유인 우주선 개발에 성공합니다. 첫 번째 우주인은 유리 가가린Yuri Gagarin이었습니다.

인류는 기술을 개발하고 새로운 물건을 만들기 위해 인간이 할 수 없는 위험한 것을 동물에게 실험합니다. 아이들이 책을 읽고 우주에 대한 관심도 키우고, 인간의 이익을 위해 동물 실험을 하는 것에 대해서 의견을 들어 보는 시간을 가질 수 있습니다.

 책 먹는 하마가 권하는 우주 이야기

- 1단계 :『멍멍 우주 비행사』(S. 루스 루브카/바다어린이)
- 2단계 :『우주는 신기해』(크리스틴 사니에/아이세움),『어수룩 호킹과 좌충우돌 우주 탐사대』(양대승/한솔수북)
- 3단계 :『별똥별 아줌마 우주로 날아가다』(이지유/웅진주니어),『칼 세이건이 들려주는 태양계 이야기』(정완상/자음과모음)

[자료] 4학년 1학기 과학 서술형·논술형 평가 예시 문항

※ 아이들은 4학년 때 이런 문제들을 풉니다. 기본형과 보충형은 서술형 평가 문항이고 심화형은 논술형 평가 문항이라고 생각하시면 됩니다. 어른들 기준에서는 상식으로 풀 수 있지요. 하지만 아이들에게는 그 상식이 없어서 어렵게 느껴지는 것입니다.

1. 우리나라의 북쪽 하늘에서 1년 내내 볼 수 있는 별자리는 무엇인지 쓰시오. (기본형)

2. 다음은 계절별로 볼 수 있는 별자리를 나타낸 것입니다. 계절에 따른 별자리를 바르게 연결하시오. (보충형)

봄 ·	· 북두칠성, 거문고, 독수리, 백조, 목동, 처녀, 사자
여름 ·	· 북두칠성, 목동, 처녀, 사자, 쌍둥이, 작은개
가을 ·	· 카시오페이아, 페가수스, 백조, 거문고, 독수리
겨울 ·	· 카시오페이아, 작은개, 황소, 오리온, 쌍둥이, 마차부

3. 계절에 따라 보이는 별자리가 달라지는 까닭은 무엇인지 쓰시오. (심화형)

[과학과 4학년 2학기] 화석을 찾아서

『화석탐정, 공룡 화석의 비밀을 풀어라』(장순근/봄나무)

4학년 2학기 과학 시간에는 생물과 관련된 내용이 많습니다. 동물의 생김새와 암수 구별법에 대해서 배우고 지층과 화석이 생성되는 과정에 대해서 공부합니다. 여기까지가 생물의 영역입니다. 열에 의한 물체의 부피 변화와 용수철 늘이기, 물의 다양한 형태와 열의 원리에 대해서 배우는 것이 나머지 영역입니다. 아이들이 어려워하는 개념은 처음 등장하는 지층과 화석입니다. 4학년 2학기 때 기초를 확실하게 잡지 않으면 5학년 2학기 4단원의 '화산과 암석'이나 6학년 1학기 2단원인 '지진', 4단원인 '여러 가지 암석'에서 막힐 수밖에 없습니다. 기초를 확실히 다져야 하는 것이지요.

어떻게 하면 아이들이 지층이나 화석의 개념들을 쉽게 익힐 수 있을까요? 바로 아이들, 특히 남자 아이들이 좋아하는 공룡을 이용하자는 겁니다. 초등학교 저학년 때에는 남자 아이나 여자 아이 모두 공룡에 열광합니다. 어른도 못 외우는 어려운 공룡의 이름을 척척 외우지요. 중학년으로 올라가면 여자 아이들의 관심사는 다른 곳으로 옮겨지고 남자 아이들은 여전히 공룡을 좋아하지요. 고학년에 올라가면 남자 아이들의 관심도 서서히 줄어듭니다. 그러니 처음 지층과 화석을 공부할 때는 아이들의 공룡에 대한 관심과 함께 아이들의 기존 배경 지식을 이용해 보자는 겁니다.

이 책은 우리나라 최고의 남극 전문가로 일컬어지는 장순근 박사님이 화석의 주요 개념들을 탐정이 공룡에 대해서 추리하는 형식을 빌려 아이들 눈높이에서 재미있게 풀어 설명하고 있습니다. 이 책의 장점은 화석으로 시작하기 전에 뼈대 이야기를 하면서 동물의 몸을 구성하는 부분들에 대해서 아주 쉽게 설명하고 있다는 점입니다. 사람이 죽었을 때 죽음의 원인을 밝히는 법의학 지식까지 동원하면서 흥미진진하게 풀어 갑니다. 사막 한가운데에서 오래된 동물의 뼈가 발견되고 그 뼈가 무엇인지 알아 가는 과정에서, 화석이 도대체 뭔지, 화석이 되려면 뭐가 필요한지, 화석이 어떻게 생기는지, 화석에 무슨 의미가 담겨 있는지, 화석으로부터 우리가 무엇을 알 수 있는지에 대해 알려 줍니다. 마지막으로 공룡이 어떤 동물이었는지 설명해 줍니다.

　화석은 지구 46억 년의 역사를 말해 주는 증명서입니다. 단순하게 돌처럼 굳은 생명체의 흔적이 아닙니다. 화석이 된 생물뿐 아니라 그 생물이 살았던 시대의 환경에 대한 정보까지 알려 주는 귀중한 자료이지요. 화석을 배우기 전에 아이들은 지층을 배우는데 지층에 대해서는 많은 아이들이 잘못 알고 있어요. 지층을 흙으로 알고 있는데 실은 암석이라는 것, 퇴적물이 쌓여서 이루어진 딱딱한 암반이라는 것을 분명히 알려 주세요.

 **책 먹는 하마가 권하는 화석과 암석 이야기**

- 1단계 : 『돌로 만든 타임머신, 화석』(임종덕/디딤돌), 『지구에 새겨진 역사 화석과 암석』(크리스 펠런트/시공주니어)
- 2단계 : 『화석 오래된 내 친구야』(박정웅/꿈소담이)
- 3단계 : 『라이엘이 들려주는 지질조사 이야기』(이한조/자음과모음)

[자료] 4학년 2학기 과학 서술형·논술형 평가 예시 문항

1. 다음은 지층 그림입니다. (보충형)

㉮➡
㉯➡
㉰➡
㉱➡

(1) 가장 먼저 쌓인 층의 기호를 쓰시오.

(2) 그렇게 생각한 까닭을 쓰시오.

[과학과 5학년 1학기] 물체의 속력

『힘과 속력이 뭐야?』(송은영/여우오줌)

5학년 1학기 과학 시간에는 '거울과 렌즈의 원리', '용해와 용액', '용액의 진하기', '기온의 변화와 바람이 부는 까닭', '물체의 속력', '여러 가지 꽃의 공통점과 차이점', '식물의 잎이 하는 일', '물의 여행'과 '작은 생물'까지 모두 9개의 단원을 공부합니다. 이중에서 가장 어려운 것은 본격적인 물리 법칙을 배우는 '물체의 속력'입니다.

아이에 따라 다르겠지만 전반적으로 아이들은 과학 중에서 물리를 가장 어려워합니다. 물질 자체의 움직임이 아니고 물체에 영향을 주는 힘, 운동의 원리를 연구하는 분야이기 때문입니다. 그리고 이제는 수학 공식과 연결해서 계산을 해야 하기 때문에 수학을 못 하는 아이들은 물리가 어렵게 느껴질 수밖에 없습니다. 단위도 정확하게 쓰는 습관을 들여야 하기 때문에 아이들이 더더욱 어렵게 느낍니다. 물리를 쉽게 배우려면 생활 속에서 예를 자꾸 들어 주는 수밖에 없습니다. 도르래가 나올 때 주변 건물의 투명 엘리베이터가 있으면 그것을 관찰한다든지, 지렛대의 원리는 우리 주변에서 흔히 쓰는 가위의 동작 원리와 같다는 식으로 설명해 주는 것이지요.

5학년 1학기 물체의 속력 시간에는 움직이는 것과 움직이지 않는 것의 차이로부터 시작해서 속도와 이동 거리 구하기, 여러 가지 속력을 비교하고 이동 시간과 이동 거리를 측정한 후 그래프 그리기 등 난이도가 굉장히 높습니다. 그래서 『힘과 속력이 뭐야?』로 정했습니다. 제가 이 책을 선택한 이유는 송은영 선생님의 과학책은 아이들 눈높이에 맞춰 재미있는 이야기와 구체적인 사례를 들어 쉽게 쓰였기 때문입니다. 겉표지부터 코뿔소가 차를 들이받아 '뻥' 날려 버리는 재미있는 그림이 있습니다. 바로 코뿔소와 차가 충돌할 때의 충격력을 보여 주는 것이지요! 충격력은, 무거운 물체와 부딪칠 때나 빨리 달리는 물체와 부딪칠 때의 힘의 세기가, 가볍고 느린 물체와 부딪칠 때보다 더 크기 때문에 발생합니다. 이 책은, 일정한 간격으로 서 있는 가로수를 보고 교통경찰이 속도를 측정하는 이야기, 토끼와 거북이 등의 이야기 등으로 아이들의 관심을 유도합니다. 이야기에 빠져 읽다 보면 자연스럽게 물리 법칙을 이해하도록 돕는 것이지요. 원리를 이해한 후에는 '여기서 잠깐만', '혼자서 생각해 보기', '하나 더 알기' 등의 코너를 두어 단계별로 생각을 확장시키도록 했습니다. 힘과 속력에 대해서 배웠다면 속도가 빠른 물체가 위험하다는 사실도 아이들은 간파할 수 있겠지요. 결국 속도에 대한 이해는 아이들 안전과도 직결되는 문제인 셈입니다.

 책 먹는 하마가 권하는 친근한 물리 이야기

- 1단계 : 『킹 피셔 과학백과사전 7(힘과 운동)』(윤소영/물구나무)
- 2단계 : 『갈릴레이가 다시 쓰는 이상한 나라의 앨리스』(정완상/자음과모음)

● 3단계 : 『라그랑주가 들려주는 운동 법칙 이야기』(송은영/자음과모음)

[과학과 5학년 2학기] 에너지

『우리가 사용하고 있는 에너지 이야기』(존 니콜슨/창조문화)

    5학년 2학기 과학 시간에는 환경이 생물의 생활에 어떤 영향을 미치는지, 용액을 분류하는 방법, 용액의 반응, 씨와 열매의 관찰, 화산과 암석, 전기 회로와 전류의 흐름, 태양계의 행성 그리고 마지막으로 에너지를 배웁니다. 난이도로 따지면 전기 회로와 전류가 더 어렵지만 워낙 '에너지'가 중요하기 때문에 에너지에 관한 책을 소개할까 합니다. 에너지는 해마다 글짓기 소재가 되고 있으므로 아이들은 에너지 절약에 관해서 글을 써야 합니다. 그런데 에너지에 대해서 어느 정도 사전 지식이 있어야 좋은 글을 쓸 수 있습니다.

    이 단원에서 아이들이 어렵게 느끼는 부분은 에너지의 전환 부분입니다. 태양이나 바람 같은 에너지 자체에 대해서는 무난하게 받아들이는데 전환 부분을 특히 어려워합니다. 화학 에너지나 열에너지가 위치 에너지를 갖게 되고 이것이 운동 에너지로 변해 열에너지나 전기 에너지로 전환되어 활동하는 부분은 설명만으로는 부족하고 사례를 통한 이해가 필요합니다. 그래서 선생님들은 다음과 같은 사례를 듭니다. 열에너지에 의해서 지구의 수분이 수증기로 변하는데, 수증기는 비나 눈으로 다시 변하고 이것이 땅에 내려 댐에 갇혀서 위치 에너지를 갖게 되고, 수문이 열렸을 때 다시 운동 에너지로 변해서 터빈을 돌아 전기 에너지로 바뀌는 것이라고 설명하지요.

이 책은 에너지의 역사, 에너지의 생산 방법, 에너지 소비량과 그 영향에 이르기까지 어린이들이 알아야 할 에너지에 대한 상식을 쉽게 전달하고 있습니다. 에너지의 전환을 방귀로 예를 들고 있어 아이들이 재미있게 받아들입니다. 그리고 에너지와 환경 문제도 다루고 있는데 화석 에너지의 지구 환경 파괴와 고유가로 인한 폐해를 개선해 줄 바이오 연로에 대해서도 언급하고 있습니다. 에너지를 절약할 수 있는 작은 실천 방법들도 소개하고 있습니다. '에너지'는 학교에서 숙제를 많이 내줍니다. 특히 미래 에너지 부분에서 과제물을 내주는 학교가 많습니다. 이 책은 가축 분뇨, 옥수수, 유채꽃 같은 생물자원바이오 메스, 태양열, 풍력, 물을 분해하면 나오는 수소 에너지, 밀물과 썰물의 차이를 이용한 조력 에너지, 파력 에너지 등 대체 에너지를 많이 다루고 있습니다. 제 아이가 5학년 때 담임선생님은 이 단원에서 조별 과제물로 미래의 '그린 에너지'에 대해 보고서를 쓰라고 했는데 그때 많은 도움이 되었던 책입니다.

 **책 먹는 하마가 권하는 에너지를 이해해요**

● 1단계 :『우리가 살아가는 데 꼭 필요한 에너지 이야기』(프랑스와 미셸/영교), 『바람과 물과 태양이 주는 에너

지』(기스베르트 슈트로트레스/창비)
- 2단계 : 『칙칙폭폭 물로 달리는 기차』(청동말굽/중앙M&B), 『접속! 초록 에너지』(안토니오 페르난데스 바요/을파소)
- 3단계 : 『빛에 에너지가 있다고?』(롤랑르우크/주니어김영사)

[과학과 6학년 1학기] 우리 몸의 생김새

『우리 몸 탐험』(리처드 워커/다섯수레)

　6학년 1학기 과학에서는 기체의 성질과 기체가 우리 생활에 실제로 어떻게 이용되는지를 배우고 지진과 여러 가지 암석과 자력을 지닌 돌에 대해서 배웁니다. 그 사이 배우는 게 바로 '우리 몸'이랍니다. 우리 몸에 대해서 배우고 나서는 우리 주변의 생물에 대해서 돌아보는 계기를 마련합니다. '우리 몸의 생김새' 단원에서는 우리 몸 속 기관의 종류와 하는 일에 대해서 배운답니다. 아이들이 이 단원을 어려워하는 까닭은 이해보다는 어느 정도 암기가 필요하기 때문입니다. 그렇지 않아도 외울 게 많아 귀찮고 성가신데다가 내부를 볼 수 없는 신체 구조니 만큼 일방적인 설명보다는 사진이나 그림 위주의 설명이 좋습니다. 결국 우리 몸의 기능을 알아보는 것이기 때문에 몸의 구조는 실제 몸을 움직여 가면서 기억하도록 하는 게 좋습니다.

　이 책은 백과사전처럼 구성되어 있습니다. 우리 몸의 가장 작은 단위인 세포로 시작해서 우리 몸을 지탱하고 움직일 수 있게 하는 뼈와 근육, 뇌, 팔, 다리, 심장, 허파 등의 신체 기관들과, 듣고 말하고 냄새 맡기, 질병이 걸렸을 때 백혈구의 대처 방법, 아기의 탄생 과정, 우리 몸을 유지하려면 꼭 필요한 5대 영양소 피라미드, 몸에 좋은 음식, 인공 장기에 이르기까지 초등학생들이 알아야 할 몸에 관한 대표적인 과학적 지식들을 500여 개가 넘는 생생한 컬러 사진과 세밀화로 보여 주고 있습니다. 이 책은 내용만큼 구성도 알찹니다. 아이들은 충격적인 일들은 잘 기억하는데 이 책 후반부에는 우리 몸에 관한 놀라운 사실들만 모아 놓고 있어요. 예를 들면 손톱이 하루에 0.1mm 자란다든지, 우리 몸의 신경 세포 중에는 길이가 1m에 이르는 것도 있다든지, 세포의 신호 전달 속도가 한 시간에 400km에 이른다든지 하는 정보들입니다. ○× 퀴즈도 있어서 내가 얼마나 내용을 기억하는지 확인할 수 있답니다. 읽다 모르는 단어가 나오면 그 단어 뜻을 찾아볼 수 있는 낱말 풀이도 딸려 있습니다.

저는 학생 때 생물을 특히 좋아했습니다. 우리 몸은 하나의 작은 우주라고 하지요. 몸에 관한 관심과 호기심은 어린이들이 배우게 되는 과학에 대한 출발이 됩니다. 교과서나 책에만 의존하지 마시고 다양한 매체를 활용하시기 바랍니다. 저희 모녀는 코엑스나 국립 과학박물관 같은 곳에서 「우리 몸 탐험전」 같은 행사를 할 때마다 빠지지 않고 다녀왔답니다. 그중에서는 상당히 실망스러운 것도 적지 않지만 그래도 보는 만큼 아이에게는 남는 게 있었습니다.

 **책 먹는 하마가 권하는 내 몸을 아는 책**

- 1단계 : 『머리에서 발끝까지』(바바라 슐링/길벗어린이)
- 2단계 : 『우리 몸속 이야기』(애너 샌더먼/웅산)
- 3단계 : 『어린 과학자를 위한 몸 이야기』(권오길, 김호민/봄나무), 『나노의 인체 탐험(전2권)』(디트리히 그뢰네마이어/웅진주니어)

[과학과 6학년 2학기] 쾌적한 환경

『꿈푸, 꿈비의 신나는 환경 탐험기』(꿈나무푸른교실/동아시아)

6학년 2학기 과학 시간에는 모두 6개의 과학 단원을 배웁니다. 물속에서의 무게와 압력을 시작으로 일기예보와 계절의 변화 그리고 쾌적한 환경, 촛불을 통한 연소와 소화의 원리, 도르래와 지레 등의 편리한 도구 등을 공부합니다. 6학년 2학기에서 제가 고른 단원은 환경 관련 책입니다. 사회과 선행독서 시간에도 말씀을 드렸지만 아이들의 반응이 시큰둥한 분야가 바로 환경이지요. 환경을 자신의 문제로 생각하고 고민하는 아이들이 의외로 적습니다. 생물이 살아가는 데 무엇이 필요한지, 생태계가 무엇인지 알아보고 그것을 바탕으로 환경오염의 원인과 결과, 보전 방법을 고민해 봅시다. 먹이 사슬의 개념, 평형의 개념을 익힌 뒤에는 그것이 깨진 상태가 바로 환경 파괴라는 사실을 깨닫게 됩니다. '미나마타 병'처럼 환경 파괴로 인해 인간에게 생긴 병에 대해 알고 환경 보전을 위해서 무엇을 할 수 있고 무엇을 해야 하는지에 대해서 진지하게 생각해 보는 시간을 갖습니다.

환경은 사회와 과학의 통합 학습이 필요한 분야입니다. 따라서 인문학적 소양도 필요한데 아이들에게 자신의 일이 아닌 전 인류의 문제에 대해서 고민하게 하는 것은 쉬운 일이 아닙니다. 필연적으로 생태계 파괴와 환경오염의 주범으로 꼽히는 현대 자본주의와 과학기술에 대해서 비판적인 사고를 요구하기 때문에 아이들에게는 벅차지요. 아이들 눈높이에 맞는 환경 교육이 절실히 요구됩니다. 초등 단계에서의 환경 교육은 규모를 줄여야 합니다. 국가나 지구 차원이 아니라 개인 차원, 자기 문제라는 인식이 들도록 해야지요. 생태계하면 아프리카의 세렝게티 초원이나 지구만 떠올리는 게 아니라 작은 연못이나 어항 등에서도 생물 사이의 먹고 먹히는 관계가 형성된다면 그것이 바로 생태계라는 인식을 가져야 하는 것이지요.

이 책은 가상의 환경 도시인 '에코피아'로 꿈푸, 꿈비가 강 박사와 함께 여행을 떠나면서 시작됩니다. 맑은 물과 푸른 하늘, 아름다운 생태계, 꾸꾸루꾸 숲을 차례로 방문하면서 환경오염 문제의 심각성을 느끼고, 다양한 정보와 해결 방법을 찾아보는 여정을 담고 있습니다. 또한 환경 관련 상식들도 키울 수 있습니다. 각 챕터마다 Q&A를 넣어 용존 산소, 제트 기류, 광합성 등 환경 관련 중요한 키워드들을 설명해 주고 있습니다. 그리고 매 단원마다 환경 노트가 있어 아이들이 읽은 것을 정리해 줍니다.

철저하게 키워드적으로 접근하고 있는데 「맑은 물 이야기」에서는 지표 생물, 정수 과정, 지하수 오염, 부영양화, 적조 현상 등에 대해서 살펴봅니다. 「푸른 하늘 이야기」에서는 산성비, 스모그 등에 대해 배우며, 기상 센터를 방문해 자외선과 오존층, 대기 오염의 심각성, 열섬 현상 등에 대해서 공부합니다. 「아름다운 생태계 이야기」에서는 반딧불이 할머니가 일군 반딧불이 숲을 찾아, 그곳에서 숲의 천이시간의 흐름에 따라 생태계가 변하는 현상, 사막화 문제, 세계의 환경오염 사건들, 동식물의 멸종과 생물 다양성, 먹이 사슬과 생태계의 순환 등의 문제를 짚어 봅니다. 환경 문제는 과학 기술의 관점에서 바라본다면 해결책을 찾기 어렵습니다. 좀 더 큰 틀에서 봐야겠지요. 이 책은 아이들이 재미와 함께 생명에 대한 경외심, 자연의 질서를 존중할 줄 아는 자세를 갖도록 유도하고 있습니다. 생명에 대한 경외와 자연의 질서에 대한 겸허, 바로 환경 문제를 풀 수 있는 근본적인 치유책이 아닐까요?

 책 먹는 하마가 권하는 환경을 생각하는 책

● 1단계 : 『어린이가 꼭 알아야 할 환경 이야기』(프랑스와 미셸/영교), 『지구를 구한 꿈틀이사우루스』(캐런 트래포드/현암사), 『땅, 바다, 공기』(이다 마티/성우)

- 2단계 : 『숨 쉬는 도시 꾸리찌바』(안순혜/파란자전거), 『라다크 소년 뉴욕에 가다』(헬레나 노르베리-호지/녹색평론사)
- 3단계 : 『어린이가 지구를 살리는 50가지 방법』(존 자브나/현암사), 『녹색 시민 구보 씨의 하루』(앨런 테인 더닝/그물코)

Ch.3

내 아이와 함께 책 가지고 신나게 놀아 봅시다
한 가지씩 차근차근!

Ch.3

내 아이와 함께 책 가지고 신나게 놀아 봅시다
한 가지씩 차근차근!

이제 선행독서의 중요성은 다들 공감하시겠지요? 이번 장은 독후 활동 편입니다. '어떤 책을 읽힐 것인가'가 해결되면 '어떻게 독후 활동을 할 것인가'를 고민해야겠지요. 그런데 문제는 여기서 발생합니다. 학부모들은 욕심이 너무 앞서 모든 독후 활동을 논술과 연계해 무거운 주제로 독후감을 써야 직성이 풀립니다. 독후감으로도 모자라 대학 입학 논술 시험처럼 책에서 제시문들을 뽑아 논술문을 쓰게 하는 학원도 있습니다. 어려서부터 논술문을 쓰게 하는 것이 논술 교육에 도움이 될까요? 그렇지 않습니다. 논술문은 논리적 사고 능력이 발달하고 어느 정도는 제대로 된 문장을 쓸 수 있는 능력을 갖춘 후에 쓰기 시작해야 합니다. 물론 논술이 중요하기 때문에 대비는 하되 다양한 독서와 여러 종류의 글쓰기로 기초 체력을 단련시켜야 한다고 해야 할까요. 걸음마 연습을 하는 단계의 아이에게 오래달리기를 강요하는 꼴이 되지 말자는 이야기입니다. 독후 활동은 최대한 가볍게 해야 합니다. 독서 논술이 우리 교육 현실에서 제대로 자리 잡지 못하는 이유는 무거운 독후 활동 탓이 크다고 생각합니다. 논술이 아니라 놀이로 접근해야 합니다. 아이들을 짓누르는 무거운 독후 활동에서 아이들을 해방시켜 주세요. 선행독서에는 특별한 독후 활동은 없습니다. 여기 소개된 독후 활동들은 독서 놀이로 생각해 주세요. 내 아이 식탁에 올리는 반찬은 같은 재료일지라도 삶고, 볶고, 튀기고, 굽는 등 다양한 요리 방법을 시도합니다. 영양을 고루 섭취하면서 아이들 입맛도 살리고, 편식도 예방하기 위해서지요. 그런데 왜 아이가 글쓰기를 할 때는 매번 줄 쳐진 노트와 원고지만 쥐어 주시나요? 아이들이 지루해하지 않도록 다양한 방법을 동원해 보세요. 제가 아이들과 함께 책과 친해지기 위해 가장 먼저 하는 일은 과자 봉지처럼 책에서 맛을 느끼게 하는 것입니다. 마인드맵, K.W.L.A. 독서법, 체험 학습 보고서 등은 공부와 아주 관계가 깊은 독후 활동들입니다. 자녀와 토론을 하고 싶은 부모들에게는 아이와 함께 본 영화를 책과 연결해 주제를 도출하는 방식의 독후 활동을 권해 드립니다. 이제부터 하나하나 펼쳐 드리겠습니다.

01 처음 본 과자 봉지처럼 책에서 맛을 느껴 봐요

혹시 슈퍼마켓이나 대형 할인점에서 아이들을 구경하신 적 있나요? 새로운 과자가 나왔을 때 슈퍼마켓에서 그 봉투를 들고 이리저리 돌려 보며 궁금해하는 표정 말이에요. '이건 꼭 사서 맛을 봐야겠다'는 의지가 얼굴에 써 있지요. 결국 과자를 사서 손에 쥐어 주면 아이는 '탁!' 하는 소리를 내며 봉지를 뜯어서 '어떤 맛일까'라는 호기심 가득한 생기 있는 표정으로 과자를 입으로 가져갑니다. 저는 이 모습을 보고 아이들에게 책을 과자 봉지처럼 느끼게 해주자는 아이디어를 얻었습니다. 책도 마찬가지입니다. 새 책을 처음 볼 때는 겉표지부터 탐색하는 겁니다. 제목과 표지 그림을 보고 내용도 상상해 보고 지은이와 출판사 이름도 확인하고 나서 목차를 펼치면 한번 쭈욱 훑어보는 거예요. 그리고 봉지를 뜯어 과자 맛을 음미하듯 책을 한 장 한 장 넘겨가며 읽기 시작하는 겁니다. 이런 아이들의 특징은 책을 좋아한다는 것인데 이들은 책에서 어떤 맛을 느낍니다.

유명한 그림책 작가인 패트리샤 폴라코의 여러 작품 중에 제가 특히 좋아하는 책인 『꿀벌 나무』에는 책 읽기 싫어하는 어린 손녀에게 잔소리를 하는 대신 벌꿀을 직접 채취해 책 위에 한 숟가락 얹어 맛보게 하는 할아버지의 지혜가 나옵니다. 그리고 할아버지는 손녀에게 이런 말을 해주네요.

"책 속에도 꿀처럼 달콤한 게 있단다. 모험, 지식, 지혜…… 그런 것들 말이야. 하지만 그건 저절로 얻을 수 없어. 우리가 꿀벌 나무를 찾기 위해 벌을 뒤쫓아 가듯, 너는 책장을 넘기며 그것들을 찾아가야 하는 거란다!"

실제 작가의 경험이며 유대인들의 관습이라는데 우리 아이들에게도 일찍 적용하고 싶은 좋은 방법인 것 같습니다. 이런 것도 독후 활동이냐고 따지고 싶은 부모님도 계실지 모르겠네요. 하지만 책에서 맛부터 느껴야 나중에 커서 진정한 책벌레가 될 수 있다는 사실을 명심하세요.

02 마인드맵으로 생각을 정리해 봐요

아이들이 글을 쓰는데 어려움을 느끼는 이유는 여러 가지가 있겠지만 생각이 뒤죽박죽으로 섞여 있어 정리를 못하는 경우가 많습니다. 생각을 정리하기 위한 가장 좋은 방법은 먼저 말로 표현하는 것입니다. 예를 들어 아이가 하루의 마무리로 일기를 쓸 경우 어머니들은 보통 "네 방에 들어가서 빨리 일기 쓰고 자!"라고 잔소리를 하게 됩니다. 그러지 마시고 열 몇 시간씩 책상 앞에 앉아 공부하다 온 아이와 눈을 마주 보고 그날 있었던 일도 물어보시고 아이의 감정에 공감해 주시는 거예요. 아이는 대화 속에서 피곤했던 하루를 위로도 받고 자신의 입을 통해 하는 이야기를 다시 들으면서 생각이 정리됩니다. 그다음에는 글로 풀어내기가 훨씬 수월해지지 않을까요?

또 다른 방법으로는 '마인드맵'이 있습니다. 아마 어머니들에게 가장 많이 알려진 독후 활동일 겁니다. 우리나라 초등학교 4학년 국어 쓰기책에 '생각그물'이라는 이름으로 소개돼 있는 마인드맵은, 1970년대 영국의 토니 부잔이 고안한 두뇌 계발법으로 잘 이용하면 글쓰기뿐만 아니라 성적 향상에도 도움이 된답니다.

마인드맵을 하기 전에 우리의 뇌를 간단하게 설명하면 우리의 대뇌는 좌뇌와 우뇌로 이루어져 있습니다. 좌뇌는 언어, 논리력, 숫자를 관장하며 순차적으로 정보를 처리하고 우뇌는 공간 인지력, 색, 리듬, 상상력, 이미지 등을 담당하는데 통째로 처리합니다. 일반적으로 뇌는 직선보다는 곡선을 숫자나 단어보다는 이미지를 쉽게 기억한다는군요. 마인드맵은 연습장이나 스케치북처럼 백지에 이미지와 핵심어, 부호 등을 여러 가지 색으로 나타내는 것이므로 좌뇌와 우뇌를 유기적으로 사용하게 됩니다.

마인드맵을 그려 봅시다

마인드맵은 누구나 쉽게 시작할 수 있습니다. 그리고 준비물도 간단합니다. A4 또는 A3 크기의 백지와 12색 이상의 사인펜이나 형광펜이면 됩니다.

마인드맵 만들기 •••

① 백지를 가로로 길게 놓은 후 중앙에 주제를 정해 이미지나 단어로 표현합니다.

② 오른쪽 위를 시작으로 나뭇가지처럼 뻗는 굵은 선을 그려 먼저 떠오르는 핵심어를 적거나 그립니다. 시계 방향으로 진행하면 됩니다. 제 딸의 경우는 그림을 잘 못 그려 이미지화하는데 스트레스를 받아 하기에 핵심어로 쓰게 했습니다.

③ 각 나뭇가지에 가는 선을 연결 후 관련 정보를 표시합니다.

④ 이렇게 중심에서 사방으로 뻗어 나간 방사선 모양의 생각 지도는 세부적인 내용과 전체적인 내용으로 서로 구조화되어 기억에 오래 남게 됩니다.

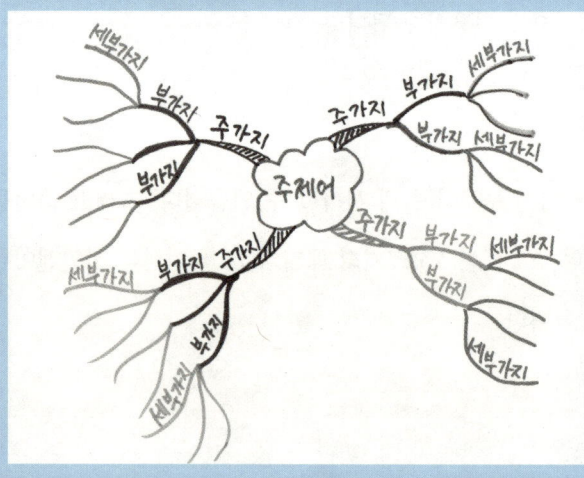

하루의 기록도 마인드맵으로

올해 4학년이 된 이 학생은 '새 학기'라는 주제로 일기를 쓰기 위해 먼저 마인드맵을 해보았습니다.

이 학생은 '새 학기'라는 주제어를 이미지로 표현한 뒤 가장 먼저 떠오른 핵심어로 새 학년, 새 각오, 입학식을 적었습니다. 사실 마인드맵은 이 부분만 완성하면 식은 죽 먹기입니다. 주제가 점점 좁혀질수록 그 내용이 더 선명하게 다가오기 때문입니다.

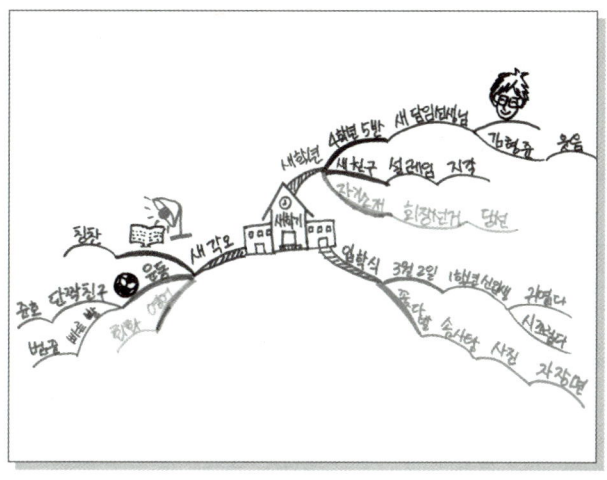

하나하나 살펴봅시다. '새 학년'이라는 핵심어를 통해 담임선생님, 지각, 회장 선거 등을 이야기하고 있습니다. 특히 담임선생님은 이미지로 잘 표현해 놓고 있는데요. 이렇게 하면 일기로 옮겨 쓸 때도 선생님의 모습을 실감나게 묘사할 수 있답니다.

그리고 '입학식'을 통해서는 신입생들에 대한 인상을 기록해 놓아,

자칫 잊어버리기 쉬운 순간적인 기억도 잘 정리되게끔 하고 있습니다. 그럼 이제 이 마인드맵을 바탕으로 쓴 일기를 읽어 보세요.

날짜: 2007년 3월 2일
날씨: 맑지만 쌀쌀한 바람이 불어 추운 날
제목: 새 학기

  새 학기가 되었다. 나는 4학년 5반이 되었고 담임선생님은 우리 학교에 처음 오신 까만 뿔테 안경에 김형준 선생님이시다. 잘 웃는 분인가 보다. 친한 친구인 준호와는 다른 반이 되었지만 축구할 때마다 같이 달릴 것이다. 대신 잘 달리는 범준이와 같은 반이라서 됐다. 회장 선거에 나가서는 내 소개를 잘해서 뽑혀야겠다.

  올해에는 공부를 열심히 해서 엄마에게 칭찬을 받아야겠다. 새 학기에는 영어 회화를 열심히 해서 말도 잘하고 싶다.

  오늘은 입학식이 있는 날이다. 1학년들이 또 생겼다. 귀엽기도 하지만 시끄럽다. 교문 밖에는 꽃다발과 솜사탕 장사가 많았다. 입학식이 끝난 운동장에는 식구들끼리 사진을 찍고 있었다. 그리고 자장면을 먹으러 갈 것이다.

  나도 오늘은 학원 갔다 와서 자장면을 사달라고 졸라서 맛있게 먹었다.

  새 학기를 맞아 한꺼번에 밀려드는 생각을 핵심어로 정리하고 행사가 있었던 하루를 컬러풀하게 정리하고 나니 글로 푸는 것이 한결 수월해졌네요!

 초등학교 시절 정성 들여 쓴 일기만큼 문장력을 키우는 데 좋은 방법은 없습니다. 지금 이 학생의 글을 보면 날씨를 표현하는 데 관찰력이 돋보입니다. 여러분의 자녀에게도 날씨를 '맑음, 흐림, 비'처럼 한 단어로 쓰지 말고 형용사를 사용해 감정이 풍부한 표현을 해 보라고 하세요.

 '간지러운 보슬비, 이효리 피부로 만들어 버릴 것 같은 햇빛, 호랑이 장가가는 날, 여우비, 오전에는 비가 오더니 점심시간 이후에 갬…….' 재미있는 표현이 나온답니다. 내용도 매일 반복되는 일상을 쓸 것이 아니라 '새 학기'처럼 주제를 정해 주거나 '회장 선거를 선출제와 순번제 중 어느 것으로 할 것인가'처럼 자신의 주장을 밝혀 보는 내용으로 쓰는 것도 논술에 많은 도움이 됩니다. '논술'이란 결국 자신의 의견에 객관적이고 타당한 근거를 대는 글을 쓰는 것이니까요!

03 부담 없는 1/2 미니북에 도전합시다

 이 독후 활동을 하기에 가장 적절한 시기는 매해 5월이에요. 5월은 어린이날, 어버이날, 스승의날, 체육 대회 등 행사가 많아 마음이 붕 뜨고 차분하게 공부하기 힘든 달입니다.

밝은 햇살을 따라 밖으로 뛰어 나가 놀고 싶은 아이들에게 빽빽하게 줄이 쳐진 공책에 독후 활동을 시키면 곧 지루해합니다. 처음 글쓰기를 시작하는 저학년과 글쓰기를 싫어하는 아이들에게 저는 1/2 미니북을 권합니다. 만들기도 쉬워요. 공책을 11번째 줄 정도에서 가로로 반 자르면 됩니다. 시각적으로 부담은 절반 줄어들고 노트의 분량은 그대로인 1/2인 미니북이 됩니다. 조삼모사朝三暮四라고 해야 할까요? 다음 사진에 보이는 것이 제 딸아이 3학년 때 만든 미니북입니다.

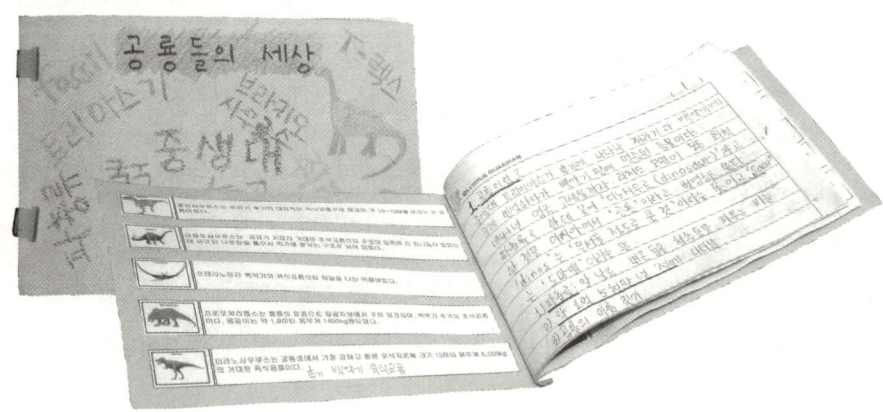

〈공룡들의 세상〉 미니북

그 당시 서대문자연사박물관이 새로 문을 열었을 때여서 아이들과 다녀온 후 주제를 공룡으로 정했습니다. 첫 페이지에는 공룡의 정의와, 공룡이란 이름을 처음 제안해 공룡의 아버지라고 불리는 영국의 고생물학자 리차드 오언에 대해 썼고, 다음에는 공룡의 이름 짓는 원칙과 분류 방법, 공룡의 번성기였던 중생대의 특징과 환경, 화석, 시조새, 멸종에 대해 썼습니다. 마지막 장에는 공룡에 관해 읽은 책과 본 영화, 재미있게 웹서핑한 홈페이지 주소까지 적어 8페이지를 꽉 채워 썼습니다. 하지만 실제는 노트 2장 분량입니다.

앞표지에는 공룡과 관련 있는 그림과 용어로 디자인하고, 뒷표지에는 책 광고도 만들었는데 그 과정 내내 아이들이 신나고 재미있어 했습니다.

문구점이나 화방에 가면 '머메이드지'라는 질감이 독특하고 두꺼운 색지가 있는데 색깔도 다양해서 멋있는 겉표지를 만들 수 있습니다. 먼저 여러분의 아이가 흥미 있어 하는 것이 무엇인지 관심을 가지고 살펴보세요. 축구, 우주선, 초콜릿 등 다양한 주제가 나온답니다.

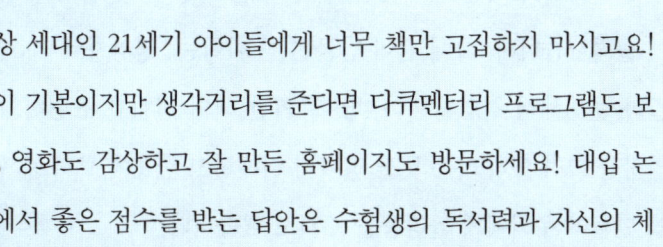

Tip : 책만 고집하지 마세요!
미디어도 적극 활용하세요!

영상 세대인 21세기 아이들에게 너무 책만 고집하지 마시고요! 책이 기본이지만 생각거리를 준다면 다큐멘터리 프로그램도 보고, 영화도 감상하고 잘 만든 홈페이지도 방문하세요! 대입 논술에서 좋은 점수를 받는 답안은 수험생의 독서력과 자신의 체험이 잘 드러나는 글이랍니다!

04 8면 기본북을 만들어 봅시다

제 딸아이 4학년 때였습니다. 필독서인 『모네의 정원에서』(크리스티나 비외르크/미래사)를 읽은 후 그냥 독서 기록장에 독후 활동을 하기에는 모네의 아름다운 그림들이 아까웠습니다. 책을 읽은 후 줄거리 파악도 중요하고 등장인물의 성격 파악과 느낀 점도 중요하지만 이 책의 경우는 책 속 아름다운 그림과 인상주의파의 대가(大家) 모네의 그림을 제대로 감상하는 것이 더 의미 있다는 생각이 들었습니다.

궁리 끝에 내린 결론이 유아 그림책에서 많이 쓰이는 팝업북이었습니다. 다양한 색의 디자인지를 골라 '8면 기본북' 접기를 한 후 책 가운데 가위집을 내어 튀어나오게 만듭니다. 그 부분에 아이가 가장 맘에 들어 하는 그림을 골라 붙여 액자 모양을 만들더니 신이 나서 글을 쓰기 시작했습니다.

제 딸아이와 다른 아이들은 수련, 해돋이 등 여러 가지 그림을 섞어 출력했습니다. 그때 같이 만들던 한 아이는 「생라자르 역」 연작을 골라 출력해서 붙였습니다. '빛에 의한 색의 변화를 표현하기 위해 연작을 그려 냈다'라는 뜻을 정확히 이해하고 한눈에 보여 준 팝업북을 만들어 우리에게 놀라움을 주기도 했습니다.

8면 기본북 만들기

① 가로로 펼친 종이를 가운데 세로선이 생기게 1번 접습니다.

② 종이를 편 후 양쪽에서 중앙선에 맞춰 1번씩 접습니다.

③ 다시 펴면 종이에 수직으로 4개의 면이 생깁니다.

④ 그 상태에서 가로로 2등분하여 접습니다.

⑤ 다시 펴면 8개의 면이 만들어 집니다.

⑥ 종이 전체를 세로로 접은 후, 접은 쪽에서 중심선까지만 자릅니다.

⑦ 다시 펼치면 한가운데 자른 선이 나타납니다.

⑧ 4번처럼 2등분한 종이의 양 쪽 끝을 잡고 중심을 향해 안으로 밀어 넣습니다.

⑨ 종이 전체가 십자 모양이 될 때까지 밀어 봅니다.

⑩ 한쪽 면을 앞표지로 정한 후 나머지 종이를 한 방향으로 몰아서 책 모양이 되도록 접으세요.

8면 기본북 팝업 부분

어떤가요? 아이들의 흥미를 이끌어 주는 주제와 재미있는 형식이 결합하면 얼마든지 즐거운 글쓰기가 될 수 있답니다.

일기 쓰기도 독후 활동도 제대로 하지 않았던 아이들에게 3학년이 되었다고 갑자기 '한민족 공동체'라는 무거운 제목을 던져 주고 원고지 8~10매 분량의 글을 쓰라고 하여 아이들을 질리게 하는 잘못을 범하지 않았으면 하는 바람입니다.

이처럼 밝은 색지와 다양한 방법을 활용해 지루하지 않고 재미있게 글을 쓸 수 있도록 옆에서 도와주는 것이야말로 아이의 글쓰기에 대한 두려움을 줄여 주는 방법 중 하나랍니다. 그리고 글감도 아이의 관심거리를 반영하도록 노력해 보세요.

05 체험 학습 보고서를 만들어 봅시다

요즈음 어머니들의 고민 중 하나는 매달 2, 4째 주 토요일이 자유 등교일로 지정되는 바람에 아이와 직접 계획표를 짜서 알차게 보내야 한다는 부담입니다. 다음 주 월요일까지 현장 체험 학습 보고서를 제출해야 하기 때문이지요. 이왕 하는 것 제대로 해서 선생님으로부터 칭찬을 받아 보는 게 어떨까요? 어떻게 하면 성의 있는 보고서를 만들 수 있는지 알아보도록 해요.

아코디언북으로 색다른 보고서를 만들자

아이의 초등학생 시절에 열심히 박물관, 유적지, 전시회 등을 찾아다닌다면 책을 통한 간접 경험과는 또 다른 귀중한 시간이 됩니다. '백 번 듣는 것이 한 번 보는 것만 못하다 백문불여일견(百聞不如一見)', '아는 만큼 보인다'라는 말이 있듯 준비만이 제대로 된 체험을 보장합니다. 우선 행선지를 정해야겠지요. 갈 곳을 정한 다음에는 아이와 함께 홈페이지를 방문합니다. 많은 사이트에서는 큐레이터가 전시 목적, 작가 소개, 작품 안내 등을 성의껏 설명하고 있답니다. 1장에서도 말씀드렸지만 주제와 관련해 책을 읽고 간다면 더 바랄 것이 없겠지요.

아코디언북

제3장 내 아이와 함께 책 가지고 신나게 놀아 봅시다

실제 사례를 들려드릴게요. 저희 모녀는 2006년 6월 서울 동숭동 아르코미술관에서 열린 세계적인 건축가 김수근의 '추모 20주기 전'을 다녀왔습니다. 가기 전에 『자연과 사람의 만남을 꿈꾼 건축가 김수근』(홍당무/파란자전거), 『내가 좋아하는 장소에게』(이민아/샘터사)를 읽고 갔습니다. 이렇게 제대로 준비하고 갔더니 아이가 주마간산 격으로 휙하고 한번 지나치는 게 아니라 하나하나 음미하듯 사진들을 보는 거예요. 다녀오고 나서는 아코디언북을 만들었습니다. 아코디언이라는 악기 아시죠? 손풍금이라고도 하는, 피에로 복장을 한 악사들이 들고 다니던 악기 말이에요. 주름상자를 양손으로 신축시켜 소리를 나게 한 기명악기랍니다. 제 딸은 행사 현장에서 받아 온 팸플릿에 다음과 같은 보고서를 써서 붙였습니다. 표지를 만들어 행사 현장을 스케치한 것에 팸플릿을 이어 붙였더니 꼭 모양이 아코디언 같아 제가 아코디언북이라는 이름을 붙였습니다. 그리고 아코디언북에 관련 교과 6학년 1학기 국어 둘째 마당–알아 가는 기쁨를 적고 감상문을 적게 했어요. 감상문과 함께 연대기를 만들어 보도록 했지요. 전기를 읽거나 유명한 화가들의 전시회를 다녀오고 나서 제가 제 딸에게 권하는 독후 활동은 삶의 요약이거든요. 다음은 우리 딸이 아코디언북에 붙인 감상문입니다.

습도가 높아 후덥지근한 날이었지만 오랜만에 어머니, 아버지와의 전시회 나들이라서 기뻤다. 동숭동 마로니에 공원에 있는 아르코 미술관에서 건축가 김수근 선생님의 타계 20주기 추모 전시회가 열리고 있었다. 붉은 벽돌로 지어진 큰 건물 두 곳 중 하나는 공연장이고 우리가 간 곳은 전에도 여러 번 설치 미술과 특이한 미술전을 보러 왔던 곳이다.

1전시실에는 건축물이라는 특성 때문에 선생님이 설계한 건축물들의 사진과 동영상, 15년치의 일할 계획을 미리 세웠다는 스케줄 노트와 선생님의 일하는 모습을 찍은 사진을 볼 수 있었고, 바닥엔 붉은 벽돌이 밟을 때마다 소리를 내면서 움직였다.

긴 경사지를 따라 올라간 2전시실에는 한 면 가득 '모태 공간, 인간과 자연의 조화, 전통과 창조, 선적 이미지, 벽돌조의 건축물, 멋, 휴먼 스케일' 등 선생님의 중요한 건축 키워드가 형광으로 빛나는 코너가 특이하고 예뻐서 사진 찰칵! 옆에는 선생님의 건축물 사진을 기록으로 남긴 일본인 사진가 오사무 무라이 씨에 대한 코너도 있었다.

3전시실에서는 스케치(그분은 화가가 되었어도 유명해졌을 것이다!)를 보았고 건축물의 설립 연대와 위치를 긴 천에 맵핑한 것을 보았다. 무슨 영화도 틀어 주고 있었는데 그건 끝까지 못 보았다. 오늘 가장 재미있었던 건 전시장 입구에 선생님을 그린 만화 같은 벽화 앞에서 사진을 찍은 일이었다.

돌아오는 길에 샘터 건물 앞에서도 사진 한 장 찍고! 선생님이 대학로를 아파트 단지로 만들자는 의견을 이겨 내고 이렇게 공원과 문화 공간으로 설계해 많은 사람이 즐기는 좋은 장소가 되었다고 미리 읽고 간 책 내용을 아빠에게 말씀드려 칭찬도 들었다. 아빠가 아는 건축가는 스페인의 가우디와 뉴욕에 있는 컵같이 생긴 구겐하임 미술관을 설계한 프랭크 라이트뿐이었는데 오늘에야 우리나라에도 천재 건축가가 있다는 사실을 알게 되었다고 한다. 10년만이라도 더 사시지 너무 아깝게 돌아가셨다는 생각이 들었다.

자주 지나치면서도 몰랐던 까만 벽돌에 담쟁이 넝쿨이 어우러진 '공간' 사옥도 오늘은 자세히 봤다. 엄마도 옆에서 거들어 주었는데 대학 시절에 '공간사랑'으로 가끔 공연을 보러 왔었다고 한다. 올 가을에는 선생님이 남긴 유명한 말 "나쁜 길은 넓을수록 좋고 좋은 길은 좁을수록 좋다"라는 말을 느끼기 위해 북촌 한옥마을에 같이 가기로 약속했다.

06 K.W.L.A. 독서법을 활용해 과학책 독후감을 만들어 봅시다

K.W.L.A. Known, Want to know, Learned, Affect 독서법은 기존에 알고 있는 배경 지식과 새로 배운 지식을 잘 배합해 장기 기억 창고로 보내는 기술입니다. 미국의 언어학자 돈나 오글이 개발한 이 방법은 차트를 이용해 읽고자 하는 책과 그와 관련된 자신의 배경 지식들을

연결시켜 기억을 활성화하는 작업입니다. 주로 문학 작품보다는 정보를 전달하는 비문학 서적, 특히 과학 서적의 독후 활동으로 제격입니다. 차트를 만드는 순서는 다음과 같습니다.

K.W.L.A. 독후 활동 하기

① 첫 번째 칸에는 글을 읽기 전에 그 내용에 대해 알고 있는 것을 적는다.

② 두 번째 칸에는 그 글을 통해서 알고 싶은 것에 대해 적는다.

③ 세 번째 칸에는 글을 읽은 후 배운 것, 알게 된 것을 적는다.

④ 네 번째 칸은 개인적인 느낌과 관련된 것을 적는 곳으로, 글을 읽고 난 후에 느낀 점을 쓴다. 글에서 가장 흥미로웠던 점, 가장 좋아했던 것이나 싫어한 것을 적고 그 이유를 적는다.

『어린 왕자와 사막에서 파도타기』에 대한 K.W.L.A. 독후 활동(실제 사진)

『어린 왕자와 사막에서 파도타기』(정재은/해피북스)라는 책을 가지고 사막에 대해서 K.W.L.A. 독후 활동을 해보았습니다. 봄이면 우리나라에 피해를 주는 황사 때문에 사막에 대해서 관심을 가지게 됩니다.

알고 있었던 점 Known	더 알고 싶은 것 Want to know	새로 알게 된 점 Learned
① 세계의 유명한 사막들 사하라, 고비 ② 사막에 사는 생물들 낙타, 사막여우, 선인장 ③ 사막에 있는 것들 오아시스, 석유, 신기루 현상, 황사 ④ 사막을 소재로 한 광고 싸이가 나오는 광고였어요.	① 사막은 어떻게 이루어져 있나요? 정말 모래뿐인가요? ② 사막에서는 왜 일교차가 클까요? ③ 오아시스는 어떻게 생기는 것일까요? ④ 왜 사람들은 사막에서 신기루를 볼까요?	① 1년 강우량이 250ml밖에 안 된대요. ② 사막에 바람이 강한 이유는 속력을 늦추어 줄 숲이나 커다란 지형물이 별로 없기 때문이래요. ③ 사막에는 강줄기 흔적만 남아 있는데 이것을 '와디'라고 한대요. 우기에는 이게 강이 된답니다. ④ 사막은 세계 곳곳에 퍼져 있답니다.
느낀 점 Affect		
사막화 현상에 대해서 관심을 가지게 되었다. 자연현상도 있지만 사람들의 무분별한 개발로 인해 점점 면적이 커지고 있다. 봄이면 우리나라에 괴로움을 주는 황사 현상만 해도 중국과 몽고 지방에 있는 고비 사막의 모래 폭풍이 원인이다. 산림 파괴도 막아야 하고 식목일뿐 아니라 평소에도 나무를 아끼고 많이 심어야 할 것 같다.		

『어린 왕자와 사막에서 파도타기』에 대한 K.W.L.A. 독후 활동(내용)

07 벤다이어그램을 만들어 봅시다

　벤다이어그램은 자녀가 책 속의 두 인물이나 두 배경, 두 권의 책 혹은 그 이상의 책들을 서로 비교·대조하는 방법입니다. 공통점과 차이점을 집합의 형태로 시각화하는 것이지요. 원이 겹치는 부분에는 공통점을 기록하고, 겹치지 않는 부분에는 각 요소의 특징을 적어 주면 됩니다. 등장인물끼리가 아니라 주인공과 자신을 비교할 수도 있습니다.

　벤다이어그램을 만들기 위해서는 비슷한 작품을 고르는 게 가장 중요합니다. 또 기준을 잘 정해야 합니다. 예를 들어 배경이 비슷하다든지, 인물의 성격이 비슷하다든지, 결말이 다르다든지 하는 식으로 비교와 대조가 선명하게 이루어질 수 있는 조합이 좋습니다. 벤다이어그램을 바탕으로 작품을 비교·분석하는 표를 만들어 볼 수도 있습니다. 좀 더 정밀한 비교 분석이 되겠지요.

　저는 아이들과 『마당을 나온 암탉』(황선미/사계절)과 『샬롯의 거미줄』(E. B. 화이트/시공주니어)로 벤다이어그램을 만들어 보았습니다. 그리고 비교 분석표도 만들어 보았습니다. 둘을 비교해 보시기 바랍니다. 표를 먼저 보시고 벤다이어그램을 보세요. 어떤 차이가 있는지 어떤 게 한눈에 쏙 들어오는지 말입니다.

기준 \ 내용	차이점		공통점
	마당을 나온 암탉	샬롯의 거미줄	
배경	양계장 마당	주커만 씨 헛간	시골
사전 전개 방식	잎싹의 의지로 위기를 넘긴다.	샬롯의 기지로 위기를 넘긴다.	죽을 고비를 넘긴다.
주인공	같은 조류	포유류와 거미	동물
결론	잎싹이 족제비 새끼의 먹이가 된다	샬롯이 품평회에서 윌버를 도와주고 죽은 후 알을 남긴다.	주인공이 죽는다.
키워드	가족애	우정	희생

『마당을 나온 암탉』과 『샬롯의 거미줄』 비교 분석표

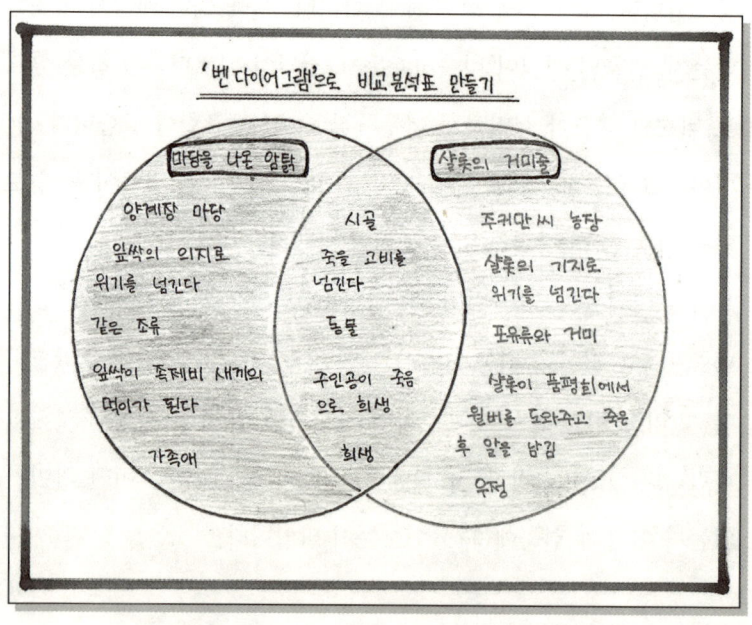

『마당을 나온 암탉』과 『샬롯의 거미줄』 벤다이어그램

08 역사책 읽고 연표를 만들어 봅시다

드라마 「주몽」의 빅히트로 부여·고구려·백제·신라·가야 등 우리 고대사에 관심이 많아졌습니다. 그 이유는 그동안에는 역사 마찰이 일본과 사이에서 벌어졌지만 최근에는 중국이 '동북공정東北工程'을 내세우면서 중국과 갈등을 빚는 경우가 많아졌기 때문입니다. 우리의 역사는 우리가 기억하고 지켜야 합니다. 6학년 1학기 사회는 우리 고대사에서 현대사까지 다루기 때문에 상당한 양이 됩니다. 늦어도 5학년 겨울 방학에는 우리 역사를 종적으로 한번 훑어볼 필요가 있습니다. 그래서 저는 『(사진과 그림으로 보는) 한국사 편지』(박은봉/웅진씽크빅)를 권합니다. 이 책을 읽고 구석기 시대부터 고려 시대까지 우리 역사를 4절지에 나만의 연표로 그리게 했습니다. 만드는 방법은 다음과 같습니다.

나만의 연표 만들기 방법•••

① 가운데에 세로로 직선을 긋습니다. 저는 그것을 시간의 화살표라고 이름 붙였습니다.

② 선 위에 중요한 역사 시기를 표시합니다. 예를 들면 기원전 2333년은 고조선 건국, 기원전 37년은 고구려 건국, 기원전

18년은 백제 건국, 서기 427년은 고구려 장수왕 평양 천도 이런 식으로요.

③ 이제는 아이가 개성을 발휘해서 시기별로 내용을 채워야 합니다.

④ 구석기 시대는 뗀석기를 그리고 직립 보행과 불 사용 등을 적습니다.

⑤ 신석기 시대는 토기 모양을 그려 농사 시작이라고 적습니다.

⑥ 고조선은 고인돌 모양을 그려 8조 금법에 대해서 적습니다.

⑦ 고구려는 온돌 구들장을 그려서 수나라와 당나라와의 전쟁에서 승리한 기록을 적습니다.

⑧ 백제는 무녕왕릉 모습을 그려 놓고 그 안에 일본에 끼친 영향에 대해서 적습니다.

⑨ 신라는 에밀레종을 그려 놓고 그 안에 화랑 제도에 대해서 알고 있는 내용을 적습니다.

⑩ 발해는 기와를 그려 놓고 대조영의 건국에 대해서 씁니다.

⑪ 통일 신라는 '통일'이라는 문자를 크게 쓰고 그 위에 불국사 석굴암 등 불교 문화에 대해서 씁니다.

⑫ 고려 시대는 청자를 그려 놓고 그 안에다가 원나라와의 항쟁을 씁니다.

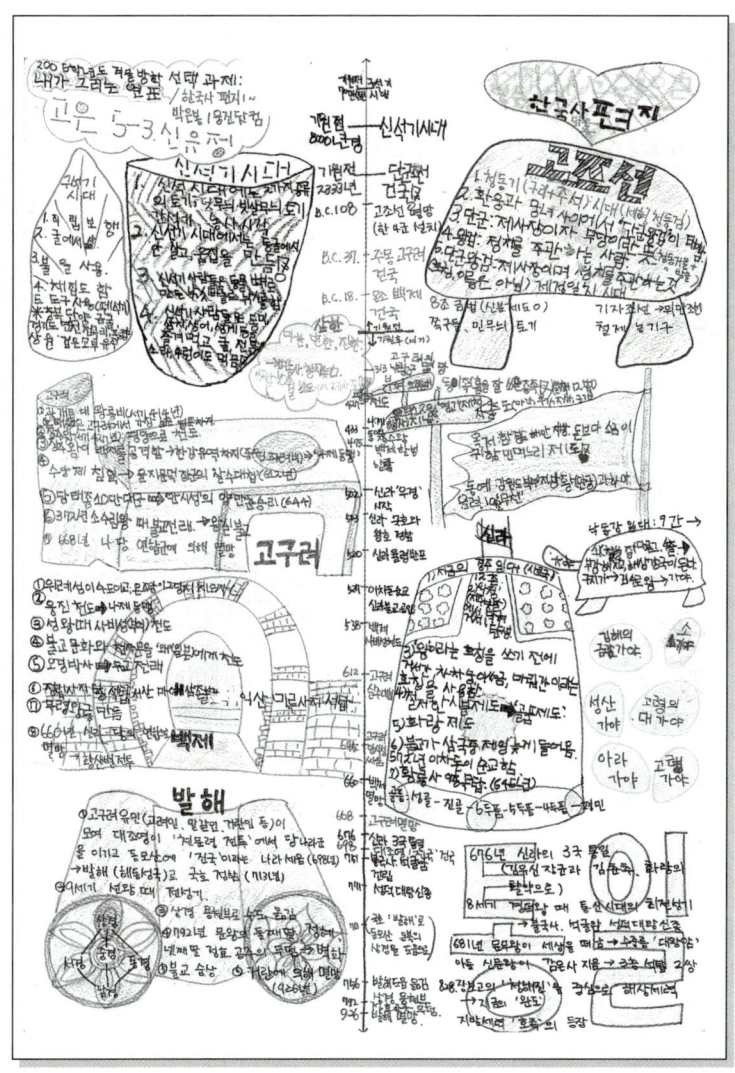

이런 작업을 거치는 게 쉬운 일이 아닌 것처럼 보이지요? 그림도 그려야 하고 역사책도 들추어 봐야 하니까요. 아닙니다! 우리 역사에 대한 최소한의 관심만 보인다면 방학 기간에 충분히 할 수 있습니다. '고대' 하면 그리스·로마 신화만을 떠올렸던 우리 아이들이 역사의 소중함과 위대함에 자부심을 느끼게 된답니다.

09 독서 신문 만들기로 책 정리를 해봅시다

방학 기간 동안에 하면 좋은 독후 활동이 또 하나 있는데 바로 독서 신문 만들기입니다. 지난 6개월~1년 동안 읽었던 책들을 정리할 수 있고 여태껏 익혔던 다양한 독후 활동을 동원하기 때문에 총 복습이 되는 것이지요. 만들고 나면 뿌듯해서 하나의 작품처럼 느껴진답니다. 독서 신문을 만들 때 가장 중요한 것은 바로 계획서입니다. 계획서를 잘 짜야 멋진 독서 신문이 나올 수 있습니다. 가장 좋은 방법은 편집 회의를 해보는 겁니다. 가족이 신문사 편집국이라고 생각하고 들어갈 내용과 형식에 대해서 자유스런 기획 회의를 가져 보는 거지요. 아빠가 편집국장, 엄마는 편집부장, 아들은 사회부장, 딸은 문화부장 하는 식으로요.

준비물은 4~2절지 전지 1장, 50cm 자, 사인펜, 형광펜이랍니다. 다음과 같은 순서로 독서 신문 계획표를 만들어 보세요.

독서 신문 만들기 •••

① '나의 책꽂이' 란에 한 학기에서 1년 동안 읽었던 책 7~9권 정도를 정합니다.

② 위의 책 중에서 독후감으로 쓸 책과 형식을 정합니다. (과학 도서, 위인전은 필수로 1권씩 정하세요.)

➲ 제가 추천해 드리는 형식들은 다음과 같습니다. 친구에게

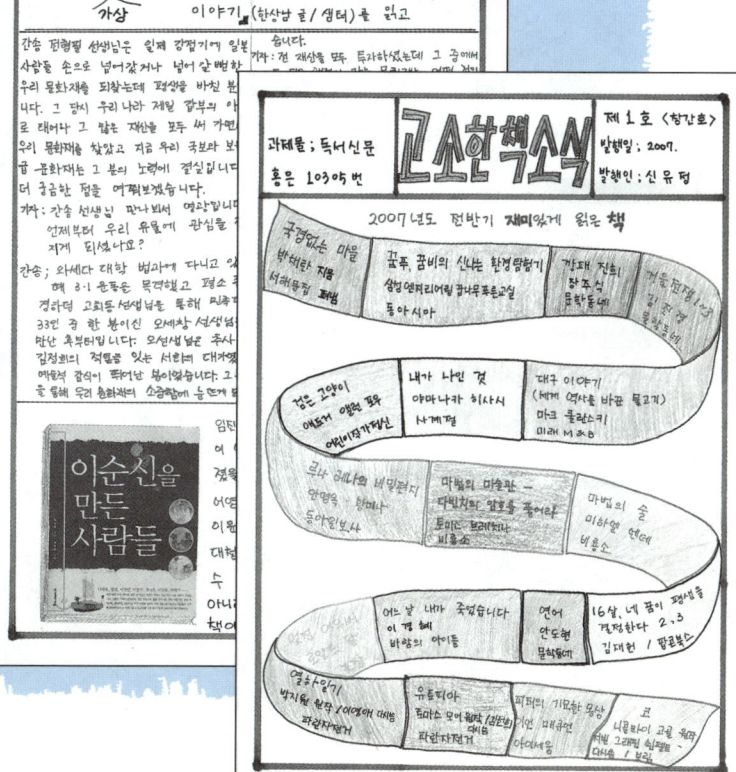

독서 신문 〈고소한 책소식〉

편지글 쓰기, 결말 이어 붙이기, 마인드맵, K.W.L.A. 독서법, 인터뷰 기사 작성하기 등입니다. 결말 이어 붙이기는 주로 전래 동화 독후 활동에서 많이 쓰이는데 해피 엔딩으로 끝나는 작품을 비극으로 바꾼다든지, 비극으로 끝나는 작품을 행복한 결말로 바꾼다든지 하는 식으로 패러디를 시도해 볼 수 있습니다. 인터뷰 기사는 가상 인터뷰로써 저자나 주인공을 대상으로 질문을 뽑은 뒤 예상되는 답안지를 작성해 보는 식으로 해보면 좋아요. 내가 그 사람이 되었다고 생각하고 그 사람이라면 이런 식으로 답했을 것이라고 상상력을 발휘하는 것이지요.

③ 책 광고를 위해 들어갈 광고 문구를 고민해 봅시다. 그림을 그려도 좋지만 그림에 자신이 없는 아이는 책표지를 출력하거나 신문의 책 광고에 쓰인 표지를 준비해도 됩니다.

④ 우리 가족 독서표를 만들어 봅시다.

　○ 가장 기억에 남는 책과 앞으로 읽고 싶은 책으로 2칸을 나눈 후 우리 가족이 함께 참여할 수 있도록 칸을 채워 보는 거예요. 가족에게 그 책을 읽고 싶은 이유를 물어보는 것도 좋아요.

⑤ 그밖에 좋은 아이디어가 있으면 나만의 개성을 살리는 코너를 마련하는 것도 좋습니다.

◐ 예를 들면 다음과 같은 것들이 가능하겠네요. 좋아하는 작가의 다른 작품 알아보기, 동네 도서관 탐방기, 독서 퀴즈 만들기, 나만의 독서 습관 말하기, 책 속의 사건으로 6하 원칙에 맞춰 기사 쓰기 등등이 있을 수 있습니다.

⑥ 그리고 마지막은 신문의 제호를 만드는 거예요. 나만의 재미있는 '부제' 정하기랍니다.

◐ '방가방가 책 소식', '세연이의 고소한 독서 신문' 등등이요.

10 책과 영화를 보고 통합적인 독후 활동, 이렇게 해보세요

요즘 들어 영화나 애니메이션을 교육에 활용하는 경우가 부쩍 늘고 있습니다. 일단 "영화를 보자"고 하면 아이들이 아주 좋아합니다. 영화를 보고 나면 아이들의 집중력이 높아집니다. 그리고 영화에서 본 내용에 대한 후속 관심사가 생기기 마련입니다. 그 시기를 놓치지 말자는 이야기입니다. 그 영화와 비슷한 주제나 상황을 제시하는 책을 권하는 겁니다. 책을 먼저 읽게 하고 나중에 영화를 보아도 상관없습니다. 책과 영화를 연결한 독후 활동은 두 가지 방법이 있습니다. 원작 소설을 영화로 옮긴 경우나, 다른 작품이지만 주제나 배경에서 공통점이 있는 영화와 책을 나란히 비교해 보는 겁니다. 오늘 제가 보여 드릴 것은 후자입니다. 유정이에게 먼저 『오체불만족』(오토다케 히로타다/창해)이라는 책을 읽게 했습니다. 초등학교 교과서에도 실린 첫 일본인의 글이라고 할 정도로 유명한 작품이지요. 얼마 전에 일본에서 초등학교 교사가 되었다는 기사가 떴었지요. 정말 감동 그 자체였습니다. 이 책은 운명과 세상의 편견에 당당히 맞섬으로써 희망과 생의 긍정이 장애인에게 필요하다는 메시지를 전해 주고 있습니다. 아마 다 아실 거예요. 그 책을 읽고 영화「말아톤」이 떠올랐습니다. 자폐증을 앓고 있는 초원이와 선천적 중증 장애를 앓고 있는 오토다케의 상황이 비슷하지요. 두 사람의 삶에서는 '도전'이라는 공통 분모를 찾을 수 있습니다. 또 장애인에 대한 사회적 관심을 촉구한다는 점에서도 비슷했고요. 차이점은 가족의 역할인데 자녀를 정상인처럼 똑같이 대하는, 때로는 냉정함마저 느껴지는 『오체불만족』의 부모와 달리「말아톤」의 어머니는 헌신적인 뒷바라지를 넘어 집착에 가까운 모습을 보인다는 점입니다. 이런 배경 지식을 갖고 다음 대화를 읽어 보시기 바랍니다. 유정이와 저는 두 작품에서 '도전'이라는 공통 분모를 찾고 도전이 무엇인지, 도전에는 어떤 유형이 있는지, 도전이 어떤 의미가 있는지 등에 관해 대화를 나누었습니다. 아이의 질문에 대해서 어떻게 대답하는 게 좋은지 참조하시기 바랍니다.

- 딸: 엄마, 궁금한 게 있어.
- 엄마: 무슨 일인데?
- 딸: 세상에 대한 도전이라고 하잖아? 꼭 도전은 세상에 대해서만 해야 하나?
- 엄마: 꼭 그렇지는 않아. 엄마가 보기에는 도전은 세 가지가 있단다. '나'에 대한 도전, 세상을 향한 도전 그리고 권위에 대한 도전이야.
- 딸: 세상에 대한 도전과 권위에 대한 도전은 어떻게 달라?
- 엄마: 둘 다 세상을 바꾸고 싶은 사람들이 시도하는 도전이라는 점은 비슷한데 권위에 대한 도전이라고 할 때는 잘못된 쪽, 그러니까 잘못된 세상을 바꾸려고 한다는 측면이 더 커. 차별, 불평등 이런 것들에 대해서 말이야. 반면 세상에 대한 도전은 새로운 것에 도전한다는 의미가 크지. '새로운 세상을 찾아서'라고 하잖아? 유정이도 잘 아는 바람의 딸 한비야 씨의 삶이 그렇지.
- 딸: 그렇구나. 세상에 쉬운 도전은 절대 없겠지?
- 엄마: 그렇지. 세상에는 쉬운 도전이란 없어.
- 딸: 그렇지 않아. 게임에서 도전은 쉬워. 게임에서는 죽어도 다시 살아나서 언제든 처음부터 다시 시작할 수 있잖아?
- 엄마: 정말 말 된다. 게임에서는 늙어서 죽는다는 게 없지. 언제든 리셋해서 다시 시작하면 되니까.

딸: 예를 들어 온라인 게임 '라그나로크'에서는 환생 시스템도 있어서 레벨 99가 되면 노비스초보자 모드로 다시 시작할 수 있어.

엄마: 온라인 게임은 엄마가 보기에는 쉽고 단순해. 그래서 요즘 아이들이 좋아하는 것 같아. 반면 네 삼촌이 좋아하는 비디오 게임에는 도전이라는 말을 붙일 수 있다고 생각해. 네 삼촌을 봐. 아무리 어려운 게임이라도 컨트롤러를 부수고 싶은 생각이 수도 없이 들었지만 결국에는 엔딩을 보았다고 하잖아? 수없이 '게임 오버'라는 좌절을 맛보고 다시 리트라이Retry하고 결국에는 엔딩을 보는 게 바로 도전하는 모습일 거야.

딸: 그때 그 도전은 세상 바꾸는 것과는 상관없잖아? '나'에 대한 도전 아닌가?

엄마: 그렇지. 게임을 하는 네 삼촌은 세상과는 상관없이 자기 자신, '나'에 대해 도전한 거지. 그런데 모든 도전은 자기에 대한 도전의 의미가 배경에 깔려 있어. 무슨 일을 하든 '내가 어디까지 할 수 있는지' 알아보고 싶은 게 인간의 심리이니까 말이야. 달성이 목적이 아니라 도전하는 삶 그 자체가 목적이었던 거지.

딸: 그러면 그때 도전은 목표라고도 할 수 있겠네?

엄마: 그렇지. 인생은 단계별로 목표를 정해 놓고 하나하나 도

전해 갈 때 의미가 있는 거야.

딸: 그걸 내게 쉽게 가르쳐 준 사람이 있었어.

엄마: 누군데?

딸: 『오체불만족』을 쓴 오토다케 히로타다야. 오토다케는 단계별로 목표를 정해 놓고 그 목표를 이루는 과정에서 행복감을 느꼈잖아?

엄마: 구체적으로 말해 볼래?

딸: 초등학교에서는 남의 도움 안 받고 최대한 휠체어를 덜 사용하면서 사는 것, 중학교 때는 남들과 똑같은 대인 관계 만들기, 고등학교 때는 스포츠에 도전하고 대학 가기 위해 공부한 것, 대학교에서는 사회 활동으로 장애인들에 대한 세상의 편견을 없애기였어. 이 모든 과정은 장애인 스스로가 열등한 존재라고 느끼는 자괴감을 없애는 노력이었고.

엄마: 정말 정확한 분석이다. 체조 선수 출신으로 불의의 사고를 당한 재미 교포 의사 이승복 씨도 "휠체어 속에 사는 삶일지라도 꿈과 목표를 가슴에 품고 사는 삶은 행복하다"고 했거든. 목표라고 하니 엄마는 한 TV 광고가 생각나. 학생이 권투 링 안에서 공부를 하고 있고 옆에서 엄마 아빠가 "힘내, 넌 할 수 있을 거야"라고 하는 거야. 아들의 대답이 뭐였는 줄 아니?

딸: 뭐였어?

엄마: "도대체 뭣 때문에 하지?"

딸: 맞아. 스스로 동기 부여를 해야 한다는 거구나. 그런데 엄마, 장애인 스스로의 편견이 먼저야, 아니면 세상의 편견이 먼저야?

엄마: 엄마가 보기에는 세상의 편견이 먼저라고 봐. 왜냐하면 세상이 그를 어떻게 보는지 차가운 시선을 느끼게 되면서 스스로도 위축된 거니까.

딸: 도전은 결국 세상에 대해서 해야 하네?

엄마: 오토다케 같은 상황에서는 그렇지. 세상이 어떻게 봐주느냐에 따라 그의 생존이 걸려 있는 문제잖아? 그는 중증 장애인으로 남의 도움이 없이는 살기가 어려운 지경이었잖아?

딸: 내가 눈물겨웠던 게 그거야. 초등학교 때 아이들과 같이 줄넘기하려던 것도 그렇고 피구를 하는 모습도 그렇고 남들과 똑같다는 것을 보여 주려고 애쓰잖아? 그리고 초등학교 담임선생님도 그를 남들처럼 똑같이 대하려고 했잖아? 자기 혼자 도전한다고 해서 되는 게 아니라 세상도 어느 정도는 함께 도전해 줘야 할 것 같아.

엄마: 그래, 세상은 함께 살아가는 거니까. 도전이라기보다는 배려인데 주위 사람들의 노력도 컸지?

딸: 응, 우선 친구들은 그를 왕따시키지 않고 친구가 되거나 도와주려고 했잖아? 그리고 부모님은 더 놀라워. 처음 보았을 때도 울지 않았고 그를 당당하게 키운 것 같아. 때로는 강하게 때로는 부드럽게.

엄마: 장애인이 내가 다르다, 특별하다고 느끼는 순간 자기 속으로 들어가는 거야. 모든 장애는 속성상 자폐로 흐를 가능성이 있는데 오토다케는 본인과 주변의 노력으로 그것을 극복한 거지. 그래서 그는 그렇게 밝을 수 있었던 거야.

딸: 맞아. 사진만 보면 꽃미남 가수 같아. 그늘이란 게 없어. 장애인으로 태어나지 않았다면 더 멋있었을 것 같아.

엄마: 책 제목은 '불만'이지만 책 내용은 '행복'으로 가득 차 있지. 정상인이라면 그렇게 자신의 몸이나 자신이 처한 처지에 만족하기 어려워. 왜 그럴까?

딸: 정상인이라고 하면 그 반대인 장애인은 어딘가 잘못된 비정상인이라는 느낌을 주잖아? 일반인이라고 부르면 어떨까?

엄마: 그래, 네 주장이 일리가 있다.

딸: 사람들은 병이 생겨야 건강이 소중하다는 사실을 깨닫는다고 하잖아? 마찬가지겠지. 그래서 '가진 자의 불만'이라는 말도 생긴 거잖아?

엄마: 불편한 몸이 되어 보면 일반인으로 산다는 게 얼마나 행복

한 일인지 알겠지. 엄마는 그 불편한 몸으로 스포츠에 도전했던 게 제일 놀라워. 농구에 이어 가장 와일드한 스포츠인 미식축구에 도전을 했잖아? 그건 어떻게 생각하니?

딸: 스포츠는 어떤 사람만 해?

엄마: 그야 신체 건강한 사람이 하는 거지?

딸: 나도 신체 건강한 사람이라는 것을 보여 주고 싶었던 거지. 남들과 똑같다는 거야. 꼭 농구에서 골을 넣어야 하는 것이 아니고 패스를 하는 사람도 필요한 거잖아? 미식축구는 전략을 잘 짜는 사람도 필요하고. 오토다케는 패스하는 사람, 전략 짜는 역할을 했을 뿐인데 그것을 보고 인간 승리라고 한다면 오토다케 본인이 듣기 싫을 거야.

엄마: 네 말대로 "정상인도 힘든데 장애인이 대단한 도전을 했다", "그것은 곧 인간 승리"라고 인식하는 태도는 일반인에게는 감동을 줄지 모르지만 장애인들은 기분 나쁠 수 있겠어. 유정이가 다른 사람을 배려하는 게 어른보다 더 어른스러운걸!

딸: 도전은 눈물겨운 게 아니라 그 자체가 아름다운 거거든. 오토다케 본인은 스포츠는 좋아서 했던 거고, 자신이 진짜 도전이라고 생각했던 것은 내가 사회를 위해 뭔가 해 줄 수 있는지를 찾는 일이었다고 봐.

엄마: 맞아. 그에게는 자기가 태어난 이상 반드시 이 사회에 뭔

가 기여할 수 있다는 믿음이 있었지, 대학 입학 이후의 삶은 그것을 찾기 위한 과정이었고. 엄마는 배리어 프리_{장애인에 대한 장벽 없애기 운동}가 바로 세상에 대한 도전으로 본단다.

딸: 장애인이 스스로를 부끄럽게 생각하게 하지 않도록, 좀 더 장애인을 친구로 생각해 달라고 사회에 요구하는 거지? 마음이나 말로만 하지 말고 장애인을 위한 시설을 좀 더 만들어 달라고 했잖아?

엄마: 그래, 도전에는 말이 중요한 게 아니라 행동이 중요한 거야. 생각을 했으면 실패하든 성공하든 행동으로 실천을 한 모습이 가장 보기 좋았어. 옳다고 생각하면 하는 거야. 그게 바로 도전하는 삶이란다.

딸: '도전'에 대해서는 엄마와 내가 생각이 되게 비슷하네.

엄마: 그런 의미에서 오토다케가 어른이 되어서 스포츠 평론가라는 직업을 택한 것은 어떻게 생각하니?

딸: 그것도 일종의 도전이라고 생각해. 유명인 오토다케로 살면 편할 수 있는데 그런 프리미엄을 포기하고 새로운 도전을 한 거잖아? 솔직히 아무리 스포츠를 좋아해도 몸을 쓰는 것보다는 연구하고 생각하는 게 오토다케에게도 맞는 것 같아.

엄마: 세상이 그의 도전에 대부분 응답해 줬다는 점에서 오토다

케는 행복한 사람인 것 같아. 단지 한 가지 점만 빼고.

딸: 스포츠, 대학, 장애인을 위한 사회의 배려라는 목표는 이루었는데 한 가지 못 이룬 게 있네. 사랑이네.

엄마: 친구는 많지만 사랑하는 사람은 아직 없잖아? 사랑과 장애인은 영원한 평행선을 그을 수밖에 없다고 했잖아?

딸: 아니야. 그것은 새로운 도전이 될 수 있을 거라고 생각해. 장애인 중에도 행복한 결혼을 한 사람이 얼마나 많아? 같은 장애인이나 '안내견 탄실이'의 예나처럼 사회 복지사의 꿈을 갖고 있는 아가씨를 찾으면 돼. 언젠가는 좋은 여자 만나서 귀여운 자식도 낳고 보통 인간처럼 살 거야.

엄마: 오토다케가 장애인이라고 느낀 것은 아마 사랑과 장애의 관계에 대해서 깨달은 순간이 되겠지. "내가 정상인과 다르구나" 하는 느낌.

딸: 그런데 엄마, 대부분의 장애인은 오토다케와는 달리 남들 앞에 서는 걸 두려워하잖아? 그런 상황에서 오토다케처럼 쉽게 뭔가에 도전할 수 있을까?

엄마: 장애인에 대한 사회의 시선 문제구나. 영화 「말아톤」의 초원이 이야기를 해줘야겠다.

딸: 영화를 보면 미국이나 일본보다 우리 사회가 장애인을 더 차별하는 것 같아.

엄마: 그런 측면이 분명히 있지. 엄마는 한국 사람들이 차별을

잘 하는 민족이라기보다는 경쟁을 지나치게 강조하고 남 돌볼 여유가 없도록 만드는 사회 시스템 탓이라고 봐.

딸: 시스템은 누가 만든 거야? 우리가 만든 것 아닌가? 그 속에서 누가 가해자고 누가 피해자인데? 무관심은 언젠가는 자신에게 돌아올 수도 있잖아? 사고를 당하면 일반인도 언제나 장애가 될 수 있는 거고.

엄마: 네 말이 맞다. 정상인과 장애인 사이의 거리감을 없애야지. 거리감에 관한 재미있는 조사가 있었어. 우리 사회에서는 학력, 세대, 이념진보와 보수에 따른 거리감이 커. 이보다 더 큰 게 장애인과 비장애인이 느끼는 거리감이었어. 100%가 최대한이라고 했을 때 장애인과 비장애인75.4%의 거리감이 학력71.8%, 세대63.5%, 이념62.8% 간 거리감보다 더 크다는 조사가 있었어. 그런 거리감이 무관심으로 이어지고 무관심이 차별로 연결이 된 거야. 우선 거리감을 줄이는 노력부터 해야겠지.

딸: 「말아톤」이 바로 그런 영화였어. 일반인과 장애인 사이에 놓여 있는 거리감을 확인하게 해준 영화.

엄마: 전반부는 초원이의 황당한 행동 때문에 웃다가 후반부는 눈물을 흘리게 만들었어. 영화가 사람을 웃기면서 울릴 수 있다는 것은 재미있게 잘 만들었단 뜻이란다. 그런데 유정아, 왜 사람은 도전하는 모습에서 카타르시스를 느낄까?

딸: 카타르시스가 뭐야?

엄마: 슬픈 장면 등을 보면서 눈물을 흘리는 식으로 감정을 깨끗하게 정리하는 것을 말해. 그 장면에서 정말 내 일처럼 감동을 받았다는 거지.

딸: 존경스럽게 보여서가 아닐까? "나라면 저렇게까지 못할 텐데"라고 생각해서 그러는 것 같아. "저 도전을 성공시키기 위해 얼마나 많은 노력을 했을까?"라고 감탄하는 거지.

엄마: 엄마는 도전이 슬프면서도 아름답다고 본단다.

딸: 왜?

엄마: 슬픈 것은 도전을 계속해야 하는 운명 자체가 슬퍼 보인다는 뜻이고 아름다움은 숱한 도전 끝에 성취를 이뤄 낸 결과 때문이야.

딸: 초원이가 마라톤을 하는 과정은 슬픈 거네. 슬프고 힘든 거지. 반면 완주한 것은 아름다운 거고.

엄마: 맞아. 어떤 장면이 슬펐니?

딸: 초원이가 지하철에서 맞다가 엄마가 위기에 처하니까 "우리 아이에게는 장애가 있어요"라고 큰 소리를 외치며 엄마 흉내를 냈던 때야. 처음에는 수영장에 빠진 엄마를 보고 가만 있다가 집에 와서 일기에 "오늘 엄마가 수영을 하셨다"라고 썼었잖아? 타인에 대한 배려가 전혀 없는

것이 자폐증인데 엄마를 배려한 초원이의 행동은 그렇지 않다고 볼 수 있지 않니?

엄마: 코치 선생님에게 물을 건네준 행동도 '배려'라고 봐.

딸: 그것들은 병이 고쳐지고 있다는 뜻 아닐까? 그런 면에서 자폐는 장애가 아니고 병이라고 생각해. 마음의 문을 닫는 병. 마음속에 다른 누군가가 들어오면 고칠 수 있을 것 같아.

엄마: 엄마가 보기에는 '자폐'도 문제지만 '자뻑'도 문제인 것 같아. 물론 가족에게 주는 고통은 비할 수 없겠지만 자뻑도 지나치면 다른 사람에게 피해를 주잖아?

딸: 자뻑은 스스로 느끼고 노력해서 고칠 수 있잖아? 자폐는 배려 이전에 대화가 안 되는 게 문제지.

엄마: 그런데 유정아, 초원이가 마라톤에 도전한 것이 누구를 위한 거라고 생각하니?

딸: 그야, 초원이 자신을 위한 것 아닌가?

엄마: 그렇겠지. 그런데 마라톤 선생님은 처음에는 마라톤을 도전이라고 보지 않고, 현실 도피나 대리 만족이라고 했어. 왜 그렇게 생각했을까?

딸: 그 사람 말대로 마라톤에서 성공한다고 해봐야 인생 그 자체로는 나아지는 게 없잖아? 세상을 바꾸지는 못해도 자신의 삶이 바뀌어야 도전이라고 할 수 있지 않을까?

엄마: 엄마는 초원이가 마라톤에 도전하게 된 데에는 엄마의 의지도 크게 작용했다고 봐. 그래서 코치 선생님이 "그게 자기 사랑이지, 자식 사랑이냐?"고 했던 거야.

딸: 선생님의 말에 엄마는 "길러 보지도 않았으면서"라고 응수했어. 나는 그게 순전히 초원이를 위한 행동이었다고 봐. 초원이가 달리는 동안 행복감을 느끼고 엄마도 우리 아이가 다른 아이와 똑같다는 점을 느낄 수 있다면 도전할 만한 가치가 있다고 봐야겠지.

엄마: 초원이 같은 경우는 페이스를 조절하지 못해 마라톤을 완주하기 어렵잖아? 그런데 어떻게 완주할 수 있었을까?

딸: 영화 마지막 장면에 나와 있잖아? "도전은 추억의 힘으로 버틸 수 있다."

엄마: 초원이가 뛸 때 상상의 비가 내리면서 스쳐 지나갔던 장면들 말이지? 얼룩말도 나오고 수영장도 나오고 지하철도 나왔지. 멋진 엔딩이었어. 그런데 유정아, 오토다케와 초원이처럼 너는 뭔가에 도전을 하고 싶니?

딸: 둘의 도전을 보면 지금 자기 자신에게는 한계가 있고 그 한계에 만족하지 못하기 때문에 그 한계를 조금씩 넓혀 갔다는 공통점을 발견할 수 있지?

엄마: 그렇게 볼 수도 있겠다.

딸: 나는 아직 한계를 못 느껴서 무엇에 도전해야 할지 잘 모

르겠어.

🐰 엄마: 할 말이 없다. 결핍이 욕망을 만드는 법이니까.

🐰 딸: 현실에 불만족이 있어서 다른 곳에서 쾌감과 행복을 맛보기 위해 도전을 하는 건데 나는 이미 충분히 쾌감과 행복을 느끼고 있거든. 그래서 아직 도전하고 싶은 게 없는 거야.

🐰 엄마: 응???

자! 어떠셨나요? 아이와 함께 책 읽는 재미에 빠진 엄마의 경험이 여러분에게 도움이 되었나요?

3부의 여러 가지 방법도 아이와 한 가지씩 차근차근 해나가시면 귀중한 결과물이 남을 것입니다.

책먹는 하마의 선행독서 레시피

1판1쇄 인쇄 2007년 8월 6일
1판1쇄 발행 2007년 8월 10일

지은이 | 최양희
펴낸이 | 임성규

기획 | 씽크풀(xoproject@naver.com)__ 디자인 | 문이당 디자인실

펴낸곳 | 메가트렌드
등록 | 1988. 11. 5. 제1-832호
주소 | 서울시 성북구 동소문동 4가 111번지
전화 | 928-8741~3(영) 927-4990~2(편)__ 팩스 | 925-5406
ⓒ 최양희, 2007

이메일 | webmaster@munidang.com
홈페이지 | http://www.munidang.com

ISBN 978-89-7456-377-6 13370

값은 뒤표지에 표시되어 있습니다.

잘못된 책은 바꾸어 드립니다.
저자와의 협의로 인지는 생략합니다.
이 책의 판권은 지은이와 메가트렌드에 있습니다.
양측의 서면 동의 없는 무단 전재 및 복제를 금합니다.

메가트렌드는 문이당 출판사의 브랜드입니다.

5단계 : 친구에게 편지 쓰기

요즈음 아이들의 대화를 유심히 들어 보면 연예인 이야기, 게임 이야기가 가장 많은 비중을 차지하고 있습니다. 그래서 제가 강연 때마다 학부모 모임에서 부르짖고 다니는 것이 아이가 친구 생일에 초대받았을 때 '책 선물하기'입니다. 그래도 생일 잔치에 초대될 정도면 얘기도 하고 지내고 꽤 친하게 지내는 경우겠죠? 내 아이가 최근에 재미있게 읽은 책을 선물하면 아이들 대화에서 책 이야기가 오고 가게 되고 "○○야, 생일 축하해! 앞으로도 친하게 지내자"라는 뻔한 생일 카드 대신 책 선물의 의미를 적은 편지나 카드를 대신하는 것이 아이들 모두에게 좋은 영향을 끼치더군요. 이 독후 활동은 예쁜 편지지에 직접 써서 붙이게 해 보세요.

6단계 : 벤다이어그램 작성하기

수학 시간에 배운 교집합 그리기입니다. 공통점과 차이점을 집합의 형태로 나타내는 것입니다. 두 권의 책 혹은 한 책 속의 두 인물이나 배경 등을 서로 비교·대조해 봅니다. 예에서는 이미 스테디셀러로 자리 잡은 두 작품을 골라 보았고, '샬롯의 거미줄'은 영화로도 만들어져 온 가족이 즐겁게 보고 왔었습니다. 아직 못 보셨다면 아이와 꼭 같이 보세요! 매우 즐거워한답니다.

★ 벤다이어그램으로 비교 분석표 만들기

마당을 나온 암탉		샬롯의 거미줄
양계장 마당	시골	주커만씨 농장
잎싹의 의지로 위기를 넘긴다	죽을 고비를 넘긴다	샬롯의 기지로 위기를 넘긴다
같은 조류	동물이 주인공	포유류와 거미
잎싹이 족제비 새끼의 먹이가 된다	주인공이 죽음으로 희생	샬롯이 품평회에서 윌버를 도와주고 죽은 후 알을 남김
가족애	희생	우정

초등 독서는 교과 연계 선행 독서가 답이다

이 책에서 맛있는 독서, 교과 연계 선행독서, 통합적 독서라는 3박자를 얘기하면서 본문 2장에서 국어, 사회, 과학 과목 중심으로 효과적인 독서법과 책을 소개해 드렸습니다. 아이들이 초등학생 시기에 연령별 발달 단계에 맞춘 교육 과정을 착실하게 따라간다면 '공부'가 어려울 것 없답니다!

다음 장에는 3~6학년까지 과학·사회과의 교과 과정을 한 눈에 보이게 정리했습니다. 학교 진도에 맞춰 관련 독서를 한다면 "일석삼조"가 될 것입니다. 참고하시기 바랍니다.

풀칠하는 곳

★ 광고 만들기

8단계 : 광고 만들기

아이들이 재미있어 하는 독후 활동 중 하나이고, 톡톡 튀는 카피가 나와 놀랄 때가 있습니다. 책 표지뿐만 아니라 본문 중 가장 인상 깊은 장면을 그려도 좋고 제 딸아이처럼 그림 그리는 것을 괴로워하면 인터넷에서 책 표지를 다운받아 출력하여 붙여도 됩니다. 컬러면 더 좋고요.

★ 위인전 읽고 가상 인터뷰 기사 작성하기

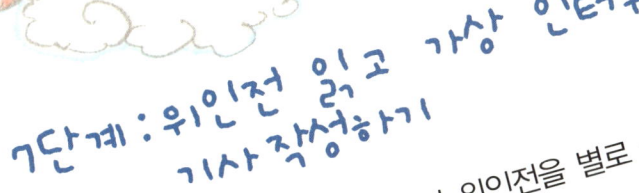

7단계: 위인전 읽고 가상 인터뷰 기사 작성하기

어려서부터 책을 좋아한 저였지만 위인전을 별로 좋아하지 않았던 기억이 납니다. 그래서인지 글쓰기 수업을 시작해서도 주변 아이들에게 위인전을 많이 권하지 않게 되더군요. 본받을 만한 역할 모델이 있다는 것은 아이들에게 좋은 영향을 끼치겠지만 우리나라 기존의 위인전은 정치가와 전쟁 영웅에 치우쳤었습니다. 이 책 2장 앞부분에 상세히 다뤘지만 위인전뿐 아니라 다양한 인물 이야기를 읽는 것이 더 바람직하다는 생각입니다.

〈독서 신문〉에서는 위인과의 가상 인터뷰를 작성했는데 아이가 어려워하면 조금 도와주세요. 어머니가 기자가 되어 질문을 해 주시고 아이가 위인이 되어 그 입장에서 대답하는 식으로요. 질문과 답의 분량이 저마다 다르므로 각자 〈독서 신문〉에 적어보세요.

9단계 : 그 외 다양한 방법들 알아보기

(1) 고정욱, 황선미, 이금이, 다니엘 페나크, 하이타니 겐지로, 로알드 달, 아스트리드 린드그렌, 앤서니 브라운, 존 버닝햄, 브라이언 와일드 스미스, 안노 미츠마사, 크리스 반 알스버그 등 우리에게 많은 작품을 선물한 작가들의 경우 그들의 작품을 연대순이나 아이가 읽은 순으로 정리하는 것도 재미있답니다.

(2) 책 속의 사건으로 육하원칙에 맞춰 기사 쓰기도 해볼 만합니다.

누가 (who) :
언제 (when) :
어디서 (where) :
무엇을 (what) :
왜 (why) :
어떻게 (how) :

먼저 중요한 사항을 적어 놓은 후 문장을 만들어 봅니다. 그리고 제목도 정해 보라고 하면 의외로 정확하게 쓰는 것을 알 수 있습니다.

풀칠하는 곳

부록 활용법

1. 책을 좋아하는 아이도, 책을 싫어하는 아이의 경우는 더더욱 독후 활동을 싫어하고 귀찮아합니다. 어머니 여러분 중에도 자발적으로 가계부를 쓰시는 경우가 더러 있지만 억지로 가계부를 매일 써야 한다면 얼마나 괴롭고 싫겠어요? 아이들에게 읽은 책마다 기록을 강요하는 것은 책 읽기를 방해하는 것입니다. 한 주에 한 편만 독후감을 쓴다면 더 바랄 것이 없지요! 올 방학에도 50권이면 50권, 100권이면 100권 목표를 정했다면 책제목, 지은이, 출판사, 읽은 날짜 정도만 간단하게 적도록 하는 건 어떨까요? 대신 5~7권만 정해 다양한 방법으로 독후 활동을 하도록 이끌어 주세요.

2. 이 책 3장에 소개한 독후 활동을 한 가지씩 완성하면 멋진 〈독서 신문〉이 완성됩니다. 부록은 독후 활동 샘플을 보여 주고 아이가 직접 채우는 Work Book 형태이므로 한 주에 한 가지씩 채워 나가다 보면 어느덧 방학을 알차게 보낸 뿌듯함을 느끼게 될 것입니다.

3. '마인드맵, K.W.L.A.기법, 광고 만들기, 위인전 읽고 인터뷰 작성하기, 벤다이어그램으로 비교 분석표 만들기, 친구에게 재미있게 읽은 책 권하는 편지 쓰기'를 채운 후 그 페이지를 잘라 전지에 풀로 붙이고, 예쁜 색 테두리를 둘러 주면 끝! "고소한 책 소식, ○○네 독서 신문, 책 먹는 하마의 도서관" 등 나만의 제목을 붙여 완성하면 방학 과제 중 하나는 완성이네요.

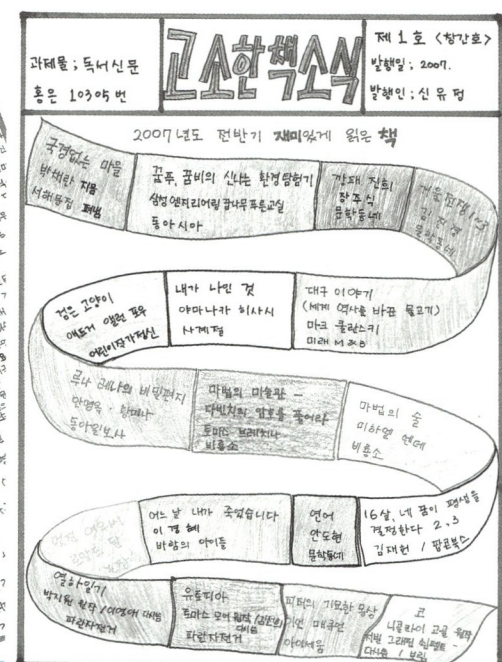

1단계: 독서 신문 계획서 작성하기

계획서 작성은 건물 지을 때의 청사진 역할입니다. 그동안 감명 깊게 읽은 책들을 7~9권 정한 뒤 각 독후 활동과 연결 짓습니다. 예를 들면 다음과 같습니다.

독후 활동 형식	책제목	지은이	출판사
K.W.L.A.기법	어린 왕자와 사막에서 파도타기	정재은	행복한아이들
인터뷰 기사 작성	간송 선생님이 다시 찾은 우리 문화유산 이야기	한상남	샘터
광고 만들기	이순신을 만든 사람들	고진숙	한겨레아이들
친구에게 편지쓰기	우리의 챔피언 대니	로알드 달	시공주니어
벤다이어그램으로 비교 분석표 만들기	마당을 나온 암탉	황선미	사계절
	샬롯의 거미줄	E.B. 화이트	시공주니어

※ 이외에도 좋아하는 작가의 다른 작품 알아보기, 도서관 탐방기, 만화 그리기, 독서 퀴즈 만들기, 책 속 사건으로 육하원칙에 맞춰 기사 쓰기 등을 할 수 있고 아이만의 독특한 아이디어로 지면을 꾸며도 의미 있습니다. 광고의 경우는 그림을 좋아하면 직접 그리고 그림 그리기를 싫어하는 경우에는 책 표지를 인터넷에서 출력하거나 신문 광고에서 책 광고 사진을 직접 오려 사용해도 좋습니다.

★독서 계획표 작성하기 (이 부분은 독서 신문에 부착하지 않습니다.)

독후 활동 형식	책제목	지은이	출판사

★우리 가족 독서표도 작성해 볼까요. (독서 신문에 여유가 있으면 직접 그려보세요.)

	가장 기억에 남는 책(지은이)	앞으로 읽고 싶은 책(지은이)
나		
형제(언니, 동생)		
어머니		
아버지		

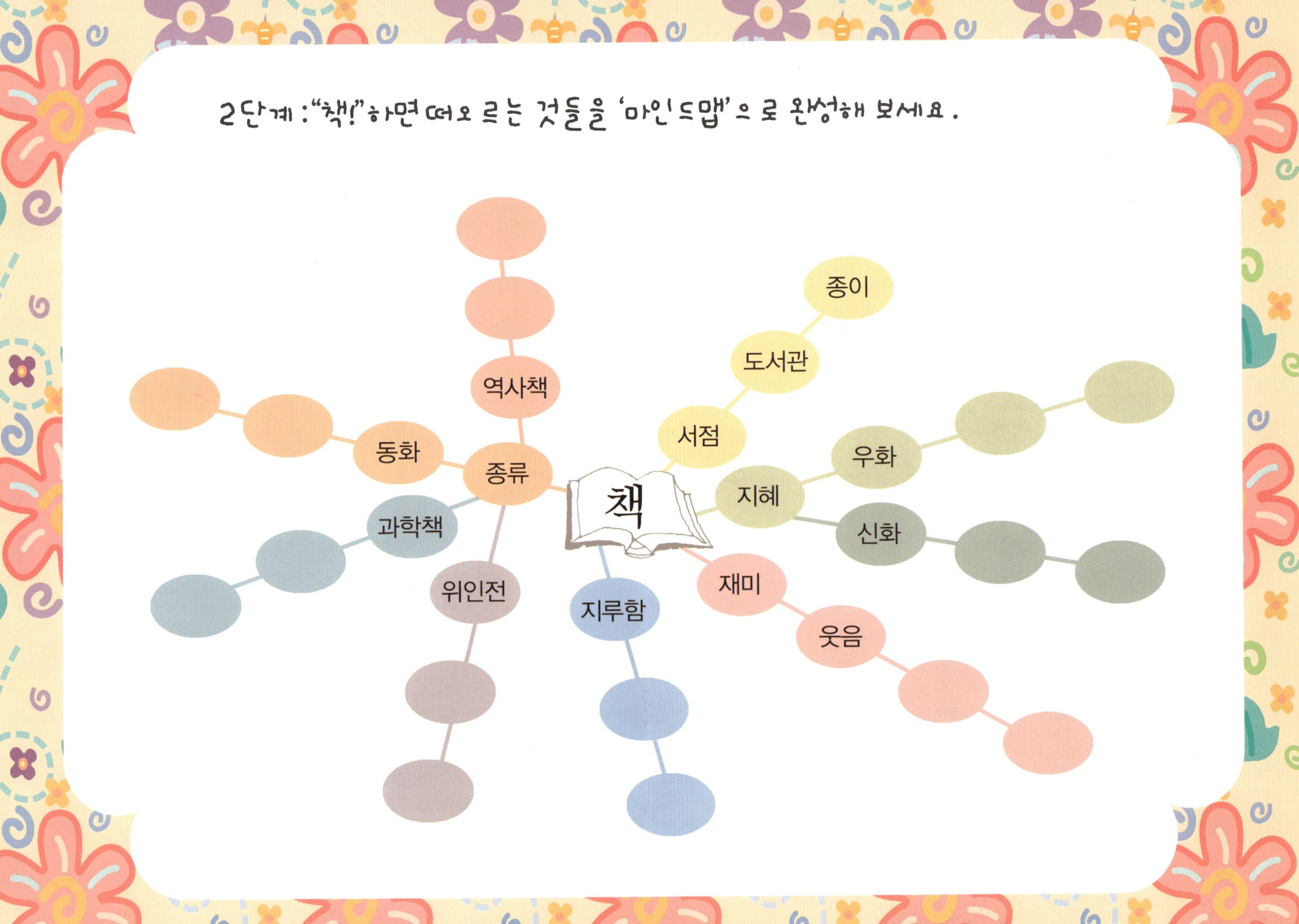

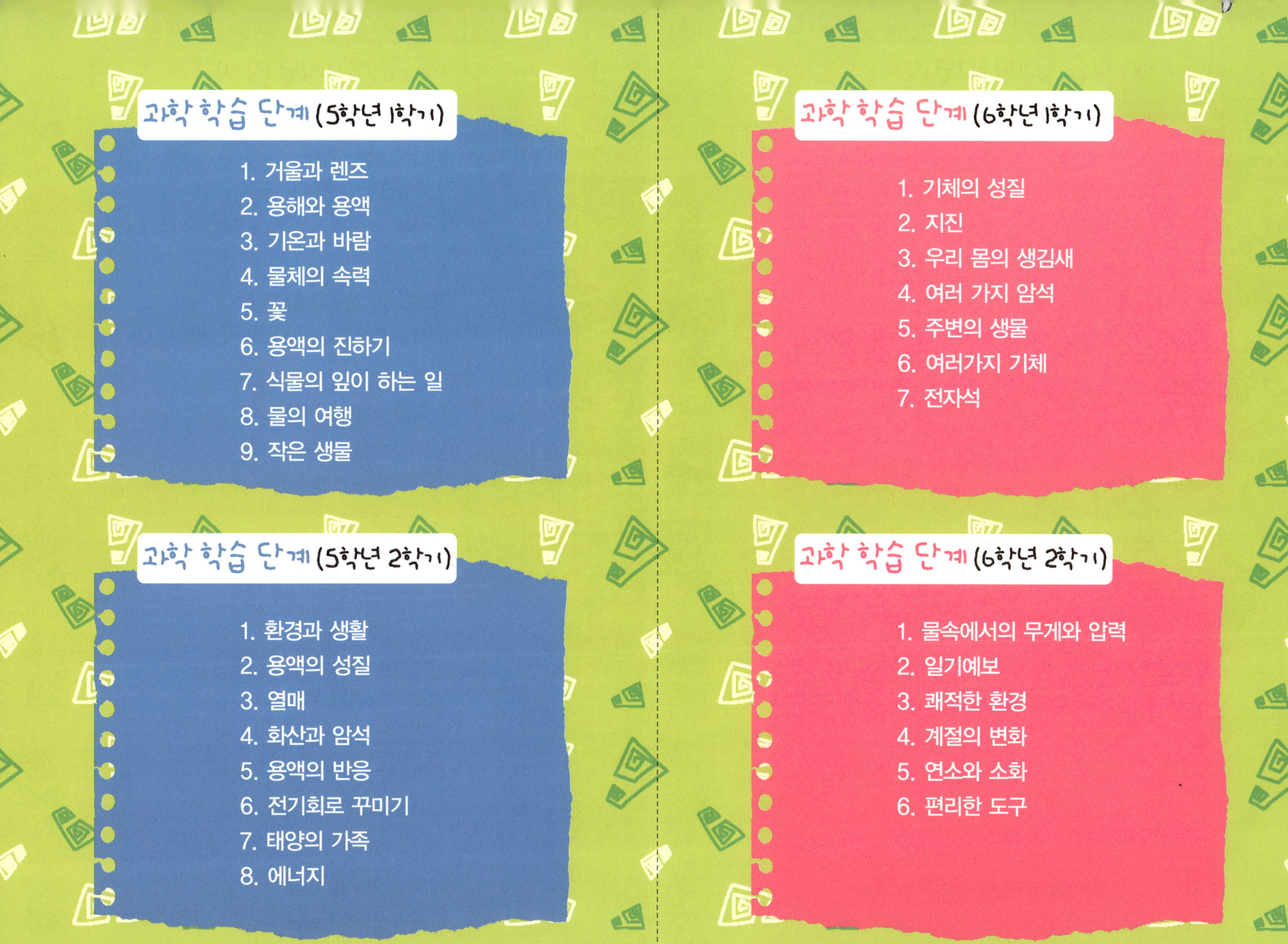

사회 학습 단계 (5학년 1학기)

I. 우리나라의 자연환경과 생활
  우리 생활과 자연환경
  자연 환경을 이용한 생활

II. 우리가 사는 지역
  도시 지역의 생활
  촌락 지역의 생활

III. 환경 보존과 국토 개발
  자연 재해와 환경 문제
  환경과 더불어 살아가는 길

사회 학습 단계 (6학년 1학기)

I. 우리 민족과 국가의 성립
  하나로 뭉친 겨레
  민족을 다시 통일한 고려
  유교를 정치의 근본으로 삼은 조선

II. 근대 사회로 가는 길
  새로운 사회로의 움직임
  외세의 침략과 우리 민족의 대응

III. 대한민국의 발전
  나라를 되찾기 위한 노력
  대한민국의 수립과 발달

사회 학습 단계 (5학년 2학기)

I. 우리나라의 경제 성장
  우리나라 경제 생활의 특징
  세계로 뻗어가는 우리 경제

II. 정보화 시대의 생활과 산업
  정보화 시대의 생활
  첨단 기술과 산업의 발달

III. 우리 겨레의 생활 문화
  조상들의 멋과 슬기
  민속을 통해 본 조상들의 삶

사회 학습 단계 (6학년 2학기)

I. 우리나라의 민주정치
  우리 생활과 정치
  나랏일을 맡아하는 기관들
  국민의 권리와 의무

II. 함께 살아가는 세계
  변화하는 세계의 여러 나라
  지구촌 속의 우리나라

III. 새로운 세계에서 우리가 할 일
  세계 속의 대한민국
  통일과 민족의 앞날

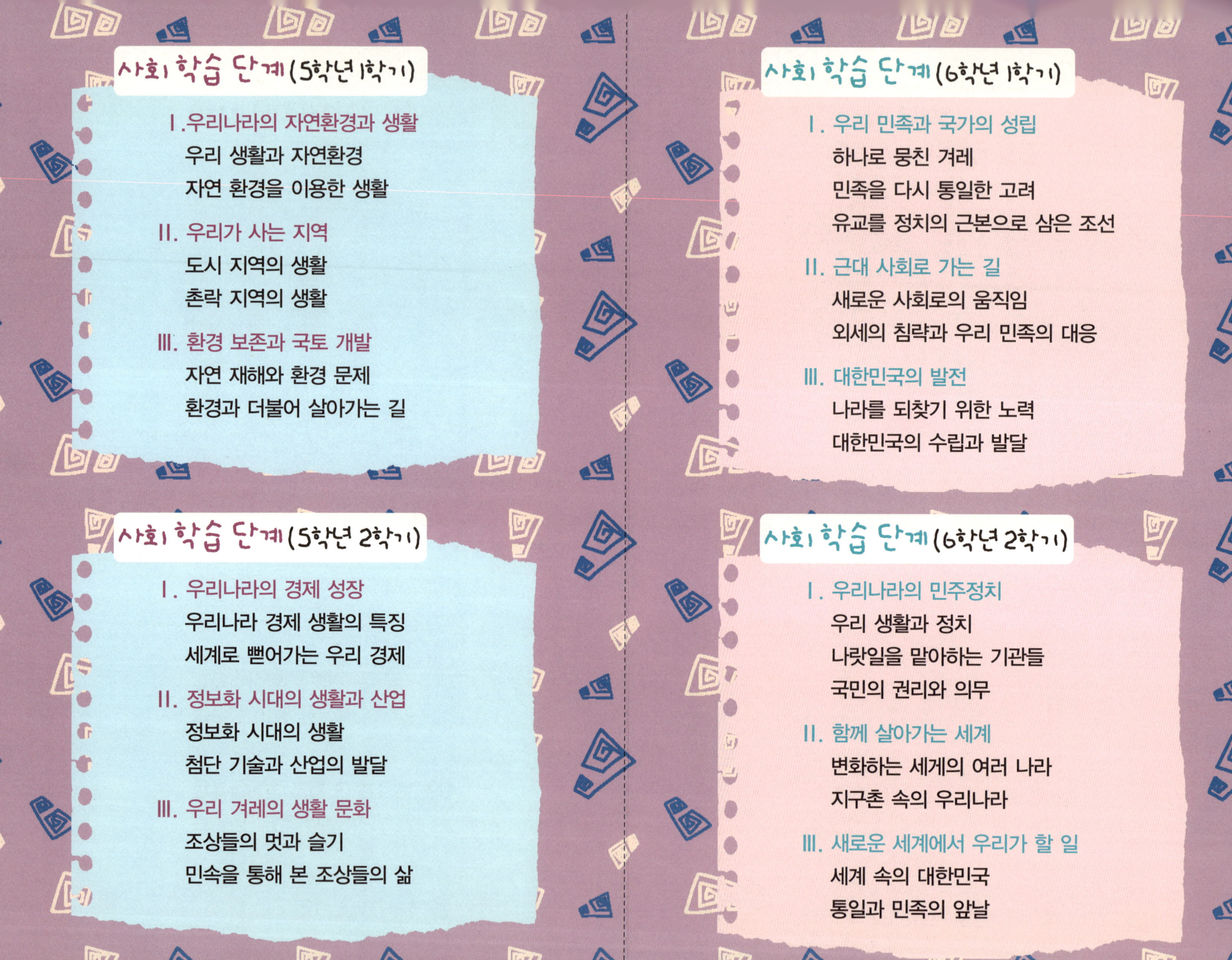

사회 학습 단계 (3학년 1학기)

I. 우리 고장의 모습
  학교 주변의 모습
  그림지도로 살펴 본 고장의 모습

II. 우리 고장 사람들의 생활 모습
  자연을 이용하는 생활
  고장 사람들이 하는 일

III. 고장 생활의 중심지
  시장과 우리 생활
  이어주는 길

사회 학습 단계 (3학년 2학기)

I. 고장 생활의 변화
  생활 도구의 발달
  교통·통신의 발달

II. 우리 고장의 전통
  전해오는 민속
  가정과 고장의 행사

III. 살기 좋은 우리 고장
  고장의 여러 기관과 단체
  함께 노력하는 고장 사람들

사회 학습 단계 (4학년 1학기)

I. 우리 시·도의 모습
  지도에 나타난 우리 시·도의 모습
  우리 시·도의 자연환경과 생활
  우리 시·도의 달라진 모습

II. 우리 시·도의 발전하는 경제
  우리 시·도의 자원과 생산 활동
  서로 돕는 경제 생활

III. 새로워지는 우리 시·도
  지방자치와 주민 생활
  우리 시·도의 여러 가지 문제와 해결
  우리 시·도의 미래

사회 학습 단계 (4학년 2학기)

I. 문화재와 박물
  옛 도읍지와 문화재
  박물관 견학과 문화재 답사

II. 가정 생활과 여가 생활
  가정 생활의 변화
  여가 생활의 변화

III. 가정의 경제 생활
  다양한 생산 활동과 가정의 소득
  알뜰한 살림살이

과학 학습 단계 (3학년 1학기)

1. 우리 주위의 물질
2. 자석 놀이
3. 소중한 공기
4. 온도재기
5. 날씨와 우리 생활
6. 물에 사는 생물
7. 초파리의 한살이
8. 흙을 나르는 물

과학 학습 단계 (4학년 1학기)

1. 수평 잡기
2. 우리 생활과 액체
3. 전구에 불켜기
4. 강낭콩
5. 혼합물 분리하기
6. 식물의 뿌리
7. 강과 바다
8. 별자리를 찾아서

과학 학습 단계 (3학년 2학기)

1. 식물의 잎과 줄기
2. 빛의 나아감
3. 지구와 달
4. 여러 가지 가루 녹이기
5. 여러 가지 돌과 흙
6. 소리 내기
7. 섞여 있는 알갱이의 분리

과학 학습 단계 (4학년 2학기)

1. 동물의 생김새
2. 동물의 암수
3. 지층을 찾아서
4. 열에 의한 물체의 부피 변화
5. 용수철 늘이기
6. 모습을 바꾸는 물
7. 열의 이동과 우리 생활

4단계 : K.W.L.A. 기법 작성하기

독서에서 배경 지식은 상당히 중요한 부분을 차지합니다. 배경 지식이 있는 상태에서 책을 읽을 때 독해력뿐만 아니라
이해 ➡ 새로운 정보 축적 ➡ 조합된 지식 저장이 효과적으로 이루어집니다.

Known(알고 있는 것) : 책을 읽기 전부터 알고 있던 내용을 적는다.

Want to know(알고 싶은 것) : 이 책을 통해 알고 싶은 점을 적는다.

Learned(알게 된 것) : 책을 읽은 후 새롭게 알게 된 점을 적는다.

Affect(느낀 점) : 책을 읽고 난 후의 느낌을 적는다.

주로 문학 작품보다는 정보를 전하는 비문학 계통의 책을 읽은 후 독후 활동으로 권합니다. 여기서는 과학책을 예로 들었지만 역사책이나 위인전을 읽은 후에도 얼마든지 활용할 수 있습니다. 음악을 좋아하는 아이는 오페라에 대한 책이나 오케스트라에 대해서도 쓸 수 있습니다. 이렇듯 한 가지 방법을 완전히 익히면 내용은 자유자재로 활용할 수 있는 힘이 생긴답니다.

★ K.W.L.A. 작성하기

책제목	어린 왕자와 사막에서 파도타기	지은이 / 출판사	정재은 / 행복한 아이들
	알고 있었던 점(known)	알고 싶은 점(Want to know)	알게 된 점 (Learned)
	① 세계의 유명한 사막 : 사하라, 고비, 아라비아 사막 ② 사막에서 사는 생물 : 전갈, 낙타, 사막여우, 선인장, 뱀 ③ 사막에 있는 것 : 석유, 신기루 현상, 오아시스, 황사 현상, 캐러반, 피라미드	① 사막은 어떻게 이루어져 있나요? 정말 모래뿐인가요? ② 사막에서는 왜 일교차가 클까요? ③ 오아시스는 어떻게 생기는 것일까요? ④ 신기루 현상의 원리	① 1년 강우량 250ml 밖에 안 된다. ② 사막에 바람이 강한 이유는 속력을 늦춰 줄 숲이나 커다란 지형물이 별로 없기 때문이다. ③ 사막에는 강줄기 흔적만 남아 있는데 이것을 '와디'라고 한다. ④ 사막은 세계 곳곳에 퍼져 있다. 페루 : 아타카마 사막 미국·멕시코 : 소노란 사막 남아프리카 : 칼라하리 사막 오스트레일리아 사막 중앙아시아 : 타클라마칸 사막
느낀 점 (Affect)	사막화 현상에 대해 관심을 가지게 되었다. 자연적인 현상도 있지만 사람들의 무분별한 개발로 인해 점점 면적이 커지고 있다. 우리나라에 봄이면 괴로움을 주는 황사 현상만 해도 중국과 몽고 지방에 있는 고비 사막의 모래 폭풍이 원인이다. 삼림 파괴도 막아야 하고 식목일뿐만 아니라 평소에도 나무를 아껴야 할 것 같다.		

3단계 : Best of Best 또는 '나의 책꽂이'

한 학기 또는 1년 동안 읽은 책 중에서 6~7권을 골라 보세요. 위인전과 과학책은 1권씩 꼭 적으세요.

책제목	지은이 · 출판사
마당을 나온 암탉	황선미 / 사계절
샬롯의 거미줄	E. B. 화이트 / 시공주니어
이순신을 만든 사람들	고진숙 / 한겨레아이들
우리의 챔피언 대니	로알드 달 / 시공주니어
간송 선생님이 다시 찾은 우리 문화유산 이야기	한상남 / 샘터
어린 왕자와 사막에서 파도타기	정재은 / 행복한아이들

★ ○○이가 재미있게 읽은 책

| 책제목 | 지은이 · 출판사 |